…HI
…SHO
朝日選書
823

# 憲法9条の思想水脈

山室信一

朝日新聞出版

# はじめに――国境と世紀を越えるつながりを求めて

過ぎ去ればすべては忘れられており、または自ら忘れている。変化に傷を負わないものだけが充ちている。

（「孤独派宣言」）

歌人・宮柊二《みやしゅうじ》さんの、この文章に初めて接したとき、何か身体のなかを電気が走ったような衝撃を受けた記憶があります。おそらく一九七〇年代も終わりのことでしたが、そのときは高度経済成長後の日本社会の変貌や憲法9条の推移などと重ね合わせて、打ちのめされたように感じたのだと思います。

しかし、それが一九四九年六月の『短歌雑誌』（第三巻六号）に掲載されていたことを最近になって知り、再び衝撃を受けました。中国の山西省などで五年にわたって兵士として過ごされた宮さんの眼には、敗戦からほんの四年に満たない間の日本人の変化が、このように映じていたのです。

それを考えれば、六〇年という時の経過によって、忘れ去るという以前に、戦争を体験したこともない人のほうがはるかに多くなった日本で、変化に傷を負う痛感がないのは当然かもしれません。そして、軍隊を「現実」にもっている以上、それに憲法が合致していないのはおかしいという判断から、憲法「改正」を支持する人も増えてきたようです。もちろん、憲法と「現実」のズレについて考えることは必要なことだと思います。

ただ、憲法「改正」問題の、その中心的課題となっているはずの憲法9条については、日ごろ接している学生さんだけでなく、専門領域を異にする友人のなかにも、条文の解釈や学説などを知りたいけれど、それを知る手がかりもわからずに戸惑っている人が多くいます。もちろん、日本国憲法、なかでも第9条についての法学的な検討には、膨大な蓄積があります。しかし、そのことが専門外の人には、法学への馴染みのなさもあって近寄りがたい印象を与えてしまっているようです。また、他方、憲法9条が戦後いかに変化してきたのか、そしていかに「改正」するのか、「維持」するのかについても、夥《おびただ》しい数の本がありますが、その議論自体が政治的で党派的な色合いを帯びていると感じられるためか、かえって憲法9条を敬遠させることに作用してきたという印象もあります。

そうした状況をみるにつけ、憲法9条とは何かを知るためには、それが定めている戦争放棄や軍備撤廃などの思想や理念が生み出されてきた歴史について辿《たど》り直してみることが必要ではないか、と感じるようになりました。もちろん、憲法9条はある政治状況のなかで生まれたものです。しかし、そこにはさまざまな思想や運動のなかで育まれた理論や概念などが流れ込み、社会的な体験を反映することによって、一つの条文として現れたものであり、けっして突然変異的なものではありませんでした。

それを明らかにすべく本書では、憲法9条につながってくる思想の水脈をたどっていますが、それは単に過去の思想を知ることを目的にしたのではありません。過去に生まれ育まれた思想を私たちの財産として共有し、それによって先人と次代の人々をつないでいくのが私たちに課せられた責務であるとすれば、受け継いだものが何かを確認しておくことは、今後の社会を構想するためにも不可欠の作業であるはずだと思われるからです。その際、重要なことは、思想や理論には国籍や民族によって価値の違いや序列があるわけではなく、私たちも日本人である以前に人類のなかの一員として、その共通の遺産を継承していく権利と義務を負っているということではないでしょうか。そうした考えから、本書では国境や世紀を越えてつながる思想水脈を探りあてる努力をしてみたつもりです。しかし、能力と紙幅の関係もあって、時代的にも地域的にも限られたものになっています。

読者の方々が、さらに多くの思想水脈とつないでいかれることを願いつつ、「足下をおろそかにするな、己の立てるところを深く掘れ、そこには必ず泉あらん」という先人のことばに従って、これから私たちが立っている足下に流れている憲法9条の思想水脈をたどってみたいと思います。

史料の引用にあたっては、読みやすさを最優先してカタカナを平がなにしたり、歴史的かなづかいを現代かなづかいに改めたり、漢文や現代では通じにくい明治時代の文章などを現代語訳した箇所があります。ただし、重要な史料では原文のままとしたものがあります。また、引用者による注記は〔　〕で、参照・関連箇所については（→○頁）で示しました。なお、＊で示した「注」は、原則として当該見開き頁の末尾に掲載しましたが、スペースの都合で次の見開き頁に載せたものもあります。

# 日本国憲法

[前文]

日本国民は、正当に選挙された国会における代表者を通じて行動し、われらとわれらの子孫のために、諸国民との協和による成果と、わが国全土にわたつて自由のもたらす恵沢を確保し、政府の行為によつて再び戦争の惨禍が起ることのないやうにすることを決意し、ここに主権が国民に存することを宣言し、この憲法を確定する。そもそも国政は、国民の厳粛な信託によるものであつて、その権威は国民に由来し、その権力は国民の代表者がこれを行使し、その福利は国民がこれを享受する。これは人類普遍の原理であり、この憲法は、かかる原理に基くものである。われらは、これに反する一切の憲法、法令及び詔勅を排除する。

日本国民は、恒久の平和を念願し、人間相互の関係を支配する崇高な理想を深く自覚するのであつて、平和を愛する諸国民の公正と信義に信頼して、われらの安全と生存を保持しようと決意した。われらは、平和を維持し、専制と隷従、圧迫と偏狭を地上から永遠に除去しようと努めてゐる国際社会において、名誉ある地位を占めたいと思ふ。われらは、全世界の国民が、ひとしく恐怖と欠乏から免かれ、平和のうちに生存する権利を有することを確認する。

われらは、いづれの国家も、自国のことのみに専念して他国を無視してはならないのであつて、政治道徳の法則は、普遍的なものであり、この法則に従ふことは、自国の主権を維持し、他国と対等関係に立たうとする各国の責務であると信ずる。

日本国民は、国家の名誉にかけ、全力をあげてこの崇高な理想と目的を達成することを誓ふ。

## 第2章　戦争の放棄

**第9条**　①　日本国民は、正義と秩序を基調とする国際平和を誠実に希求し、国権の発動たる戦争と、武力による威嚇又は武力の行使は、国際紛争を解決する手段としては、永久にこれを放棄する。

②　前項の目的を達するため、陸海空軍その他の戦力は、これを保持しない。国の交戦権は、これを認めない。

目次

# 憲法９条の思想水脈

山室信一

# 第1章

# 憲法9条の構成と平和主義憲法の基軸

## 憲法9条を取り巻く現状

人間は闘争本能をもっており、それが戦争として現れる以上、戦争は宿命的に不可避であり、それは人類の歴史とともに古く、人類の歴史とともに終わるしかない、という見方がある。それに対して個々人の間で敵対や殺害が生じるとしても、それが戦争そのものであるわけではない。戦争は人間の本質ではなく、社会生活のなかで習得された攻撃性が自己利益を追求するための組織的方法として遂行されるものであり、社会悪でしかないものを人間の本能に帰してしまうことは、新たな原罪神話を生み出して正当化しているにすぎない、という反論もある。

確かに、人類の歴史のなかで戦争は、ほとんど絶え間なく繰り返されてきた。しかしそれゆえにまた平和を求める切実な声が途絶えることはなかったし、さらに近代においては戦争の起こるメカニズムや社会心理を解明して平和への考察を深めることこそ、学知や思想が人間社会に対して果たすべき重大な責務であると考えられてきたはずである。

本書で明らかにしていくように、憲法9条もまたこうした人類の知的営みの歴史のなかで生まれてきたものであり、同時に戦争という国際的な政治力学のせめぎあいのなかで生まれたものであることは間違いない。とはいえ、それは単に占領期の偶発的条件によって生まれた突然変異にすぎないというものでもなかった。そこには持続と新生、与えられた面と自主的に選択した面、などの双面性が刻み込まれており、単に一方的に「押しつけ」られたなどとはいえないのである。そのように主張すること自体、日本人が発し続けてきた思想の「自主性」を自ら否定することであり、天に唾する所為にほかならない。

いずれにしろ、そうして生まれた憲法9条をめぐっては、戦争と平和についての考え方、さらにはそこにおける人間の本性や国際政治状況をいかに捉えるかという論点から始まって、軍需産業や基地経済などの利害問題、さらには愛国心や国際協調主義などの心性レベルでの衝突など、さまざまな争点が複雑に絡みあいながら対立を増幅してきた。そして、いかなる理由づけをするにせよ、憲法「改正」の焦点が憲法9条に常に指し向けられ続けてきたのも、平和やそれを達成するための方法についての考え方の相違を反映したものであった。戦争放棄・軍備撤廃を定めた憲法9条が、国際連合による集団安全保障を予定していることは間違いないとしても、そこでは非武装中立や世界連邦によるものからアメリカ軍と自衛隊による地域的・個別的な集団的自衛方式を採るものまで、具体的な方策については、ほとんど相容れないほどの政策距離をもった選択がありえるからである。

きわめて皮肉なことに、平和憲法、平和主義憲法ともいわれる日本国憲法の下にあって、その日本国憲法を最も特徴あるものとしているはずの「平和」主義規定こそが、施行以来一貫して政党や国民の間で最も激しい争いを生み出す原点ともなってきたのである。もちろん、問題が人間、さらには人類の存在のあり方を根本において規定する生死にかかわるものである以上、議論の激しさは問題解決の門口にたどりつくために避けては通れない重要性を示すものとして、けっして否定されるべきではない。しかしながら、その論争を顧みるとき、それが生産的であったのかどうかは、またおのずから別個の次元の問題に属する。

そして、2007年5月に国民投票法案が成立し、憲法9条に焦点をあてた憲法「改正」問題が、政治的対立の中心に据えられようとしている。それをどのように論じるにせよ、自己の意見の単なる投げつけあいに終わらないようにするためには、少なくとも議論の対象となるもの自体について、できるかぎり正確な認識をもっておくことは何を論定すべきかを知るためにも最小限の要請となるはずである。

福沢諭吉が『文明論之概略』(一八七五年)を著すにあたって「議論の本位を定《さだ》むる事」を冒頭に置いたのも、まず何を論じるのか、あるいは何を論じないのかを区別し、論点のなかでの優劣順位を明らかにしておかないかぎり、議論は錯綜し、解決の糸口も見いだせないままに混乱を増幅させるだけの意味しかもたないと考えたからであった。このことはあらゆる議論についてあてはまるであろう。とりわけ、憲法9条の思想水脈をたどることによって、その歴史的意義と将来への展望の糧とすることを課題としている本書においては、歴史という無限の沃野からいかなる思想をも引き出してくることのできる議論を混乱に陥らせないために、何よりも留意しておくべきことがらであるに違いない。

憲法9条の思想水脈をたどっていくためには、まずそれがいかなる理念や概念によって構成されているのか、を見定めておく必要がある。

しかしながら、憲法9条はその一つの条文だけで成り立っているわけではない。いや、正確にいえば、起草過程において戦争放棄条文の一部であったものが前文に移されて、その趣旨を明確にした構成になっており、憲法9条は前文との緊密な一体性をもって成り立っている。そして、前文が条文解釈の規準となることは、通説として認められており、単なる政治的宣言文として前文が置かれているわけではない。また、憲法9条の議会審議のなかでの修正に対応し、憲法9条の意義を確実にするために文民条項が追加されたという経緯がある（以上の日本国憲法の起草過程については、第7章参照）。さらに、その前文を含む憲法全体を実効あらしめるために憲法第10章「最高法規」も重要な構成要因となっている。

このように日本国憲法の平和主義は、憲法9条を含む前文やその他の条項とのつながりのなかで総体として捉えなければならないものであり、その体系性のなかでこそ憲法9条は存在意義を明らかにすることができるのである。そのことは憲法9条が憲法体系のなかで孤立した条項として存在しているのではないことを意味しているとともに、憲法9条の思想水脈をたどるにあたっても、戦争放棄や軍備撤廃というにとどまらず、この憲法9条を包み込んで成り立っている平和主義への流れのなかで捉えることの必要性を示すものでもある。

とはいえ、憲法9条がいかなる条文構成をもち、いかに解釈されているのかを確定しておかなければ、憲法9条の思想水脈をたどるという試み自体が、蜃気楼か砂上の楼閣にすぎなくなるであろう。そのため、本章ではまず憲法9条の条文の構成と解釈、そして概念の字義について概観したうえで、次に憲法9条を中核として成り立っている日本国憲法の平和主義が、いかなる理念ないし思想の基軸によって成り立っているのか、を明らかにしていきたい。

## 1　憲法9条の構成と解釈

### 自衛戦争の解釈

憲法9条は、前文で示された平和への志向を具体化した法規範として司法判断の規準となるとともに、すべての公務員を拘束するものであり、国政の希望的方針を示した単なる政治的宣言ではない。

そして第1項では、「正義と秩序を基調とする国際平和を誠実に希求」する主権者としての「日本国民」が、「国権の発動たる戦争」すなわち国際法上のすべての戦争と、国際法上認められている戦争行為に至らない事実上の戦闘行為としての「武力の行使」、そして戦争または戦闘行為に訴えることをほのめかして自国の主張や要求を相手国に強要する「武力による威嚇」を放棄している。

しかし、「国権の発動たる戦争」と「武力の行使」と「武力による威嚇」を無条件に「永久にこれを放棄」したのかどうかには争いがある。そこには条文として成立してきた過程の問題が深くかかわっている。すなわち、マッカーサー草案においては「国権の発動としての戦争は、これを廃止（abolish）する」と「武力の行使および武力の威嚇は、国際紛争を解決する手段としては、これを放棄（renounce）

する」ということが、二つの文章として規定されていた（原文→253頁注）。そのため戦争や武力の行使・威嚇など一切を放棄するという趣旨が誤解の生じる余地がないほど明確に示されており、「国際紛争を解決する手段として」という留保がつけられていたのは、あくまで「武力の行使」と「武力による威嚇」に限定されていたのである。

しかしながら、日本政府案としてまとめられる際に、「廃止する」と「放棄する」という動詞が二つ重なるという不体裁を理由に条文を整理したのか、深い政治的配慮があったのかは不明だが、結果的に二つの文章が一つにされ、「国権の発動たる戦争と、武力による威嚇又は武力の行使は、国際紛争を解決する手段としては、永久にこれを放棄する」とまとめられてしまった。これによって、「国際紛争を解決する手段としては」という留保が文理上、「武力による威嚇又は武力の行使」だけでなく「国権の発動たる戦争」にも、両方にかかるという文章構成になってしまった。

ここから、第1項の解釈は、大きく二分されることになる。一つには、戦争であれ、武力による威嚇・武力の行使であれ、それが対外的なものである以上、そもそも「国際紛争」にかかわらないものはなく、「国際紛争を解決する手段としては」という留保は意味がなく、一切の戦争などが放棄されたとする説がある。二つには、この「国際紛争を解決する手段として」の戦争とは、従来の国際法の用法を重視すれば侵略戦争だけをさすものであり、第1項で放棄されたのは侵略戦争だけであるという解釈がなされることになった。つまり、後説によれば第1項で放棄された戦争や武力による威嚇・武力の行使には、自衛戦争や制裁戦争は含まれていないということになる。

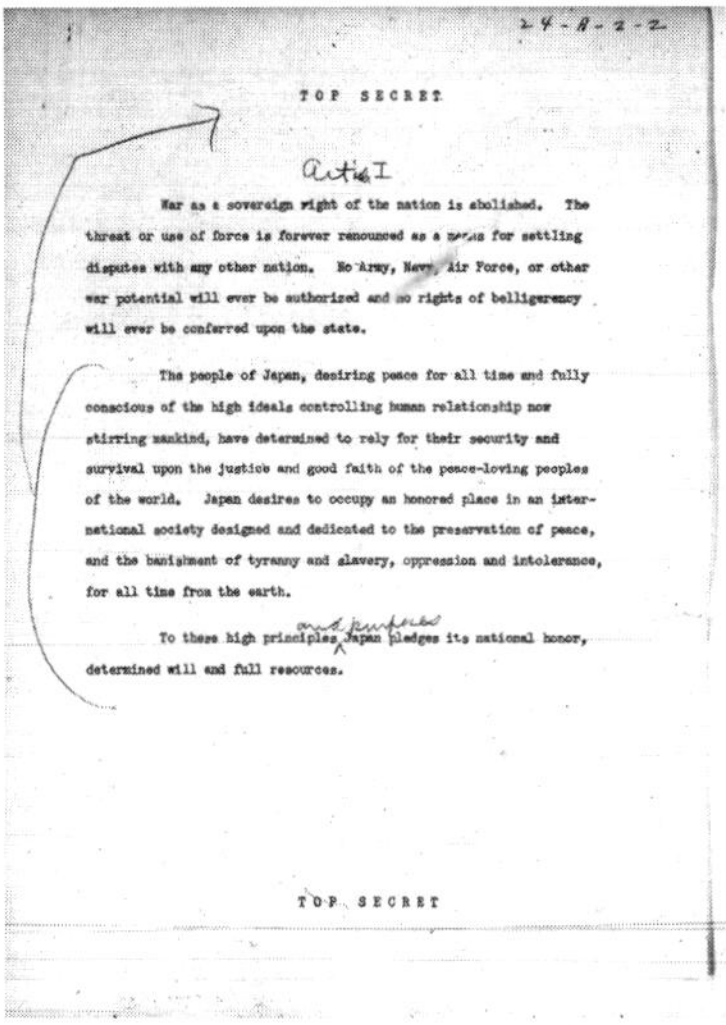

24-A-2-2

TOP SECRET

Article I

War as a sovereign right of the nation is abolished. The threat or use of force is forever renounced as a means for settling disputes with any other nation. No Army, Navy, Air Force, or other war potential will ever be authorized and no rights of belligerency will ever be conferred upon the state.

The people of Japan, desiring peace for all time and fully conscious of the high ideals controlling human relationship now stirring mankind, have determined to rely for their security and survival upon the justice and good faith of the peace-loving peoples of the world. Japan desires to occupy an honored place in an international society designed and dedicated to the preservation of peace, and the banishment of tyranny and slavery, oppression and intolerance, for all time from the earth.

To these high principles and purposes Japan pledges its national honor, determined will and full resources.

TOP SECRET

GHQ民政局（GS）長ホイットニーによる「前文」への移行案（The Hussey Papers／国立国会図書館所蔵。原資料はミシガン大学アジア図書館所蔵）

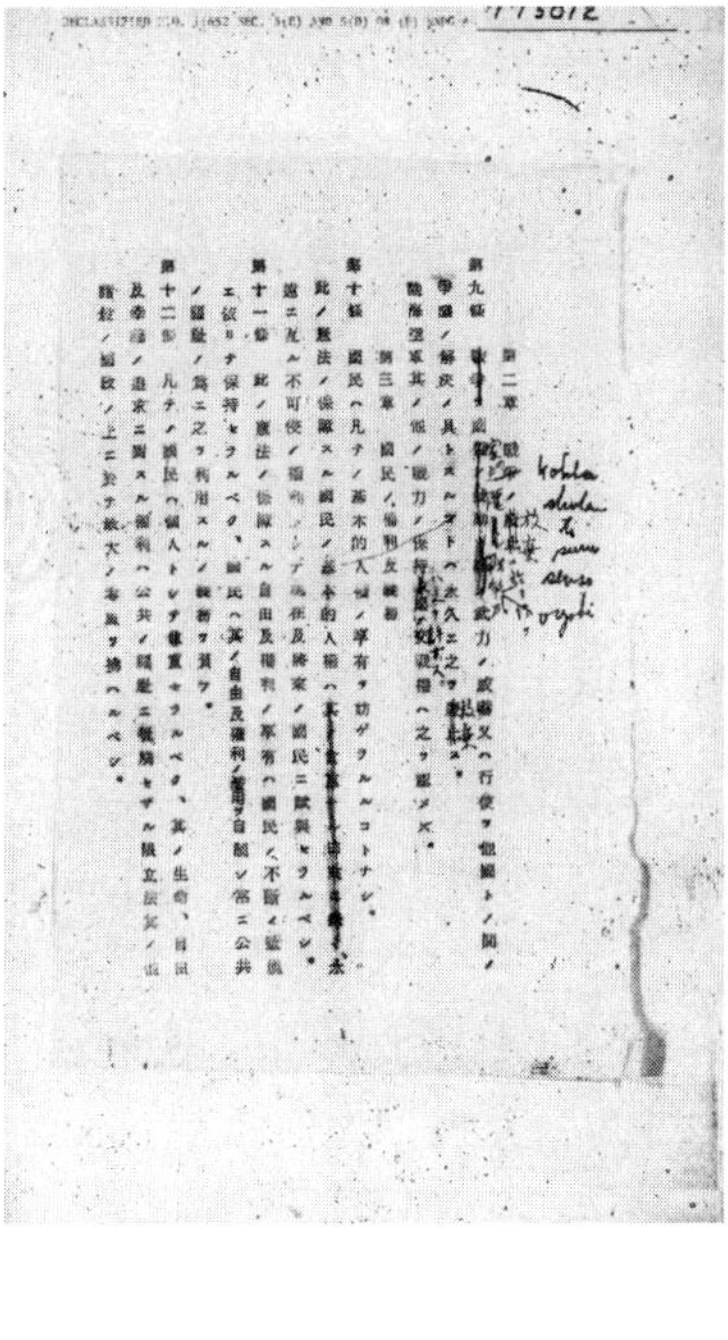

DECLASSIFIED E.O. 12652 SEC. 3(E) AND 5(D) OR (E) NND 775012

第二章 戦争ノ廃止

第九条 戦争ヲ国権ノ発動ト認メ武力ノ威嚇又ハ行使ヲ他国トノ間ノ争議ノ解決ノ具トスルコトハ永久ニ之ヲ廃止ス。

陸海空軍其ノ他ノ戦力ノ保持及国ノ交戦権ハ之ヲ認メズ。

第三章 国民ノ権利及義務

第十条 国民ハ凡テノ基本的人権ノ享有ヲ妨ゲラルルコトナシ。

此ノ憲法ノ保障スル国民ノ基本的人権ハ[illegible]永遠ニ亘ル不可侵ノ権利トシテ現在及将来ノ国民ニ賦与セラルベシ。

第十一条 此ノ憲法ノ保障スル自由及権利ノ享有ハ国民ノ不断ノ監視ニ依リテ保持セラルベク、国民ハ其ノ自由及権利ノ濫用ヲ自制シ常ニ公共ノ福祉ノ為ニ之ヲ利用スルノ義務ヲ負フ。

第十二条 凡テノ国民ハ個人トシテ尊重セラルベク、其ノ生命、自由及幸福ノ追求ニ対スル権利ハ公共ノ福祉ニ抵触セザル限リ立法其ノ他諸般ノ国政ノ上ニ於テ最大ノ尊重ヲ払ハルベシ。

GHQとの協議による日本案（「3月2日案」）の9条（GHQ/SCAP Records, Government Section／国立国会図書館所蔵。原資料は米国国立公文書館所蔵）

しかしながら、第1項の戦争などに自衛戦争や制裁戦争は含まれていないという説を採るにしても、第2項では「戦力」をもてないことになっており、しかも交戦権も否認されている。そのため憲法9条全体としては侵略戦争だけでなく自衛戦争も含む戦争全部が放棄されたことになるという解釈が通説とされてきた。

これに対し、第1項があくまで「侵略戦争」だけを放棄しているとしたうえでも、いわゆる芦田修正によって「前項の目的を達するため」という制限が加わった（→268頁）ことを併せて考えると、第2項は「侵略戦争を放棄するという第1項の目的を達成することに限定して、戦力不保持と交戦権を否認した」ものであり、「自衛戦争のためには戦力をもつこともでき、交戦権も否認されない」という解釈が成り立つことになる。

要するに、放棄された戦争の範囲をいかに考えるかについては、第1項の「国際紛争を解決する手段として」と第2項の「前項の目的を達するため」の文言をいかに解釈するかによって、大きく三つの説に分かれることになった。

第一に、第1項戦争全面放棄説では、侵略戦争だけでなく自衛戦争や制裁戦争などすべての戦争は国際紛争を前提としているものであり、「国際紛争を解決する手段として」の戦争は侵略戦争に限定されているわけではない。この説によれば「前項の目的」とは、第1項のめざす戦争放棄という精神そのものであり、第1項で放棄された戦争には自衛戦争と制裁戦争も含まれる以上、一切の戦争が放棄されたことになる。

第二に、第2項戦争全面放棄説では、第1項では自衛戦争や制裁戦争が放棄されてはいないが、第2項で戦争をおこなうための必須の要件である戦力不保持と交戦権が否認されているため、結局は自衛戦争や制裁戦争も放棄されたことになる。

そして第三に、第2項の「前項の目的を達するため」というのは、あくまで侵略戦争を放棄することをさしており、第2項で規定されている戦力不保持と交戦権否認も侵略戦争のためのものに限定されているとして、自衛戦争のためには戦力をもちうるし交戦権も否認されないと説く自衛戦争非放棄説がある。

ただ、日本国憲法には自衛権そのものの有無について何らの規定もないため、主権国家がもつとされている自衛権*が、戦争放棄を規定した日本国憲法の下でも存在するのかどうかが問題となり、ここでも大別すれば三つの説が出てくる。

第一は、自衛権とは自国または自国民が急迫不正な危害を加えられたとき、これを排除するためにやむをえず行使する緊急権であり、独立国家としては放棄できないという説である。

*自衛権という概念は主権国家以降、自明なものとして存在してきたわけではない。次章で述べるように戦争合違無差別論が支配していた時代には、自衛権という概念によって戦争を正当化する必要もなかったからである。自衛権によって戦争を合法化する必要が出てきたのは、第一次世界大戦後、戦争違法化論（→第5章）が主流となってきたためであった。今日ではさらにEUなどにみられるように国家主権の共有や制限による国際協調が進んでいるなかで自衛権そのものを否定する説が現れている。

第二は、自衛権は国際法上の権利として認められたものであり、国内法である憲法によって放棄することはできないと説く。

第三には、自衛権も戦力を行使することが不可欠となるが、憲法9条第2項で戦力不保持と交戦権否認が定められている以上、自衛権は実質的に放棄されているとの説がある。

判例では自衛権の存在を認めているが、その自衛権をいかなる方法で実現するかについては、武力による自衛権を肯定するものと、*非軍事的な自衛抵抗の方法によるべきことを説くものとに分かれる。しかし、自衛戦争を認めているのなら、なぜ交戦権を否認したのかについての合理的説明は困難になる。また、もし自衛戦争が憲法上で容認されているとすれば、その戦争をどのように遂行するのか、についての規定が本来は必要となる。それに関しては憲法9条のみならず第73条「内閣の職務」などにも一切の規定がない。ということは反対解釈すれば自衛のための戦争も放棄したと解釈できる。国家緊急権の規定を欠くということは、法の欠缺《けんけつ》ともいえるし、それを否定していると解釈することもできる。さらに、自衛のための戦力保持は認められるという説を採るにしても、自衛のための戦力と侵略のための戦力とが実質的にどう違うのかが明確にならなければ憲法違反の戦力保持がおこなわれるとの批判もある。

以上のような説のいずれを採るかは、もちろん解釈者の自由であり、政府（内閣法制局）の解釈や最高裁判所の判決もけっして唯一の正しい解釈として公権的に強制されるべき性質のものではない。また、憲法の起草や審議にあたった人たちの、いわゆる立法者意思も、後世の解釈を全面的に拘束するものではない。もちろん、憲法学界には多数説と少数説があるし、判例についても地方裁判所・高等裁判所・

最高裁判所などそれぞれに異なることが少なくない。
こうした憲法9条解釈や判例をめぐる対立とその六〇年にわたる推移の詳細については、すでに汗牛《かんぎゅう》充棟《じゅうとう》ただならぬ数の文献があり、その膨大さがかえって憲法9条を国民から遠ざけてしまっているようにも思われる。そうした事情を考慮して、ここでは読者が憲法9条を読み、自らの解釈をなされるにあたって、前提となる概念や用語の意味について骨子だけを摘記するにとどめておきたい。

## 憲法9条における用語の意味

まず、第1項における「国権の発動たる戦争」は「国家行為としての戦争」と同義であるが、「国権」とは対外的国家主権をさし、その「発動たる戦争」とは、宣戦布告や最後通牒を発するなど戦意を表明して始められ、戦時国際法の適用を受ける戦争をさす。「武力の行使」とは、そのような宣戦布告などの表明もないままにおこなわれる戦争という意味で、実態としては戦争と変わらない。にもかかわらず、このように「戦争」と「武力の行使」とを書き分けて規定したのは、日本国憲法の起草の際に参考とされた国連憲章の用法に従ったことによる。

*ただし、自衛権を発動するには、①外国から加えられた侵害が急迫不正であるという違法性、②それに対する防衛行動に武力以外に手段がなく、武力行使することがやむをえないという必要性、③自衛権の発動としての武力行使が外国から加えられた侵害を排除するための必要な限度に対応した均衡性をもつ、という要件を満たすことが必要とされている。

国連憲章では、過去の戦争に触れた前文を除いて、「戦争」という言葉を使用せず、「武力による威嚇又は武力の行使」という表現を用いて、戦争に相当する事態があるにもかかわらず、それを正当化する道を防ぐ配慮がなされていた。これは日本が実質的な戦争を遂行しながら満洲事変や上海事変、日華・日支事変などと称して戦意を表明せず、戦時国際法適用や不戦条約違反の非難を逃れ、実質的な戦争拡大につながった事実など（→199頁）への反省を踏まえたものであったといわれている。また、「武力による威嚇」とは、日清戦争後のドイツ・フランス・ロシアによる日本に対する三国干渉のように、武力を背景にして自己の主張を相手国に強要する事態をさしている。

「国際紛争」とは、マッカーサー草案では「他国との間の紛争 disputes with any other nation」となっていた。「他国との間の紛争」は、あくまで日本と他国との間で生じた紛争に限られるが、「国際紛争 international disputes」と変えられたことによって、字義上は日本と直接に利害関係のない国家との紛争をも含むことになると解釈されている。

第2項の「戦力」はマッカーサー草案の「戦争力 war potential」を訳したものであるが、英語においてもその用法は慣用的なものではなかった。ただ、直訳的に解釈すれば、「戦争の可能性をもつ軍事力」ないし「戦争遂行能力」となる。これを厳格に解釈すると、戦争に役立つ可能性のあるすべての人的組織や物的施設などをさすこととなり、軍需に転化できる工業施設や港湾・空港施設なども含まれることになる。しかし、これでは戦力の範囲が限定できないため、外敵に対する戦闘行動を目的とする機能と実力をもつ人的・物的組織体、と規定することによって国内治安を目的とする警察力と区別されることになる。

ただ、一九五二年に警察予備隊が保安隊に改組され、海上警備隊が新設（同年に保安庁の警備隊に改組）されたことによって、警察力と戦力との差異が問題となり、政府は「戦力とは単独で外国の戦力と交戦できる程度の人員と装備をさし、近代戦争を遂行しうる程度に至らざるものは、保持を禁じられた戦力に当たらない」との統一見解を出している。その後、一九五四年に日米相互防衛援助協定が締結されて、日本は防衛力を増強する法的義務を負うことになって自衛隊法が制定され、保安隊と警備隊は自衛隊に改組された。自衛隊法では、「我が国の平和と独立を守り、国の安全を保つため、直接侵略及び間接侵略に対し我が国を防衛すること」（第3条）が任務となったため、その防衛権と戦力との関係が問題となった。これについて政府は自衛権を行使するための実力の保有は憲法でも許されているとし、憲法9条第2項が保持を禁止している戦力とは「自衛のための必要最小限度の実力をこえるもののみを指し、それにとどまる限り自衛力として禁止されてはいない」（一九七二年統一見解）と説明しているが、どこまでが「必要最小限度の実力」なのかは不明のまま戦闘力は拡大し続けてきている。

第2項では「交戦権」の解釈が争われてきたが、これはマッカーサー草案の「rights of belligerency」の訳語であり、憲法制定当時、「交戦権」という日本語は存在しなかった。そもそも「rights of belligerency」という英語もマッカーサー草案に特有の概念であり、起草にあたった人たちの間に必ずしも共通理解があったわけではなく、外務省の仮訳では「交戦状態の権利」となっていたものが、縮約されて「交戦権」となったものである。「belligerency」は、通例は国際法で、交戦状態に入った国に認められる法的状態をさす。このため、交戦国に権利として認められた敵国の兵隊・軍事施設への攻撃行為、占領地行政権、中立国の船舶の臨検と敵性船舶の拿捕《だほ》などの諸権利を交戦権と解釈する説がある。しかし、戦争放棄や戦力不保持という規定を重視すると、交戦状態に入ることがそもそもありえないため、国家が戦争をする権利と解する説がある。ただし、交戦権が認められていない以上、自衛戦争はできるという説を採るにしても国際法上、交戦国としての権利は行使できないという矛盾に陥ることになる。

こうした条文上の解釈問題のほかに、憲法9条に関連しては、個別的自衛権と集団的自衛権の問題、日米安保条約による基地における戦力の存在問題、国際連合による武力行使活動への参加の可能性と範囲など、解釈や実態に関してさまざまな難問があるが、それらの問題を考える前提とするために、さらにまた憲法9条の思想水脈をたどるための指針を定めるために、日本国憲法における平和主義の基軸とはいかなるものであるのかについて、みておきたい。

## 2　憲法9条における平和主義の基軸

### 第一の基軸——戦争放棄・軍備撤廃

日本国憲法の平和主義を他の憲法から際立って特徴づけているのが、戦争放棄と軍備撤廃・交戦権否認を規定した憲法9条であり、これが第一の基軸となっている。

こうした戦争放棄と軍備撤廃という方式の選択は、対抗する他の諸国家との軍事力バランスをとることによって自国の安全を維持してきた勢力均衡政策が、結局は自らの軍事力の強化によってさらに他国の軍事力増強を誘起して軍事的危機を高めてきたことに鑑み、自衛の名において軍備を強化することで戦争を誘発する可能性をゼロにするためには、自らが戦争を放棄し、軍備を撤廃するしかないという決断に立つものであった。確かに、一切の軍備をもたないで平和が確実にもたらされるかどうかは、誰にも断定はできない。しかし、自らが軍備をもちながら他国に軍備縮小や軍備撤廃を求めても、そこからは新たな戦争の道が開かれるだけであることは、イラク戦争の例をあげるまでもなく自明の事実ともいえるであろう。そうであればまずは自らが軍備を撤廃し、戦争放棄を実践していくしかない。

日本国憲法は、そうした困難な課題をあえて選択したが、その難題を達成し保障していくために、前文において「日本国民は、恒久の平和を念願し、人間相互の関係を支配する崇高な理想を深く自覚するのであつて、平和を愛する諸国民の公正と信義に信頼して、われらの安全と生存を保持しようと決意した」と表明している。

この国境を越えた人間相互の協調に基づく恒久平和の達成は、あくまで「人と人とのつながり」ということを基調に据えたものであるが、国境によって人々が国民として境界づけされているかぎり、「諸国民」（ただし、原文はpeoplesであり、国籍とは関係がない。そのため以下では「諸人民」と記す）間の協調として現れることになる。そのことを裏返していえば、近代における戦争が国家という単位によって起こされたものであり、国境によって「人と人とのつながり」を断ち、殺し殺されるという関係に追い込むことによって、他国そして自国の人々の「安全と生存を脅かす」ものであるという事実があり、その戦争を根底的に廃絶するためには国境を越えて「諸人民《ピープルズ》」がつながり、宥和《ゆうわ》するしかないことを意味している。しかも、この「諸人民」のつながりという観点から戦争廃絶とは何か、を考えてみれば、それは何よりも人が兵士にならないということである。そのために各国憲法においては良心的徴兵拒否を認めるようになってきているが、戦力不保持を定めた日本国憲法では、何よりも兵役を廃止することによって根本的解決をはかっていることになる。

さらにこのように戦力不保持を定めた憲法においては、もはや軍人や兵士は存在しえないにもかかわらず、第66条第2項に「内閣総理大臣その他の国務大臣は、文民でなければならない」という規定を置いて、国政への軍事的介入を避けるための文民統制《シビリアンコントロール》を重視したのである。

## 第二の基軸――国際協調

ところで、近代において戦争を遂行する主体となったのは、主権国家であった。そこでは国家による決定は他国の介入を許さない絶対性をもったものとされ、国際社会には上位の権威が存在しないということと相まって、戦争を起こす権限は主権国家の自由として認められていた。

もちろん、国内的には宣戦決定権限を直接に人民投票にかかわらせた一七九三年フランス憲法などが例外的にあったが、国際的には戦争の開始についての主権国家の判断を拘束する準則は存在せず、開戦の理由の是非を問われることもない、いわゆる戦争合違無差別論（無差別戦争論）が認容されていたのである（↓45頁）。

そのため近代における平和構想においては、諸国家連盟などを設立して戦争に訴える主権の行使を制限し、さらに軍備縮小や軍備撤廃をはかることが提言されることとなった。同様に、国家主権を排除して世界政府や世界国家をつくるしか戦争廃絶の道は残されていない、といった主張が繰り返されてきたのである。

こうした国家主権の絶対性を制限し、国際協調によって平和を達成しようという動きは、国際機構設立案として提起されただけでなく、自由貿易体制などによる経済的相互依存の促進や、文化や人の交流を通じての相互理解の促進など多彩な構想としても現れ、特に第一次世界大戦を経て国際連盟などの国際協調機関が軍備縮小や戦争違法化に向けた活動をおこなってきていた。しかし、日本は一九三一年に満洲事変を起こして以降、国際協調主義から離れ、国際連盟などから脱退して孤立化への道をたどった。それが、戦争によってしか問題を解決できない隘路《あいろ》に自らを追い込むことになったのである。

このような歴史的経緯を踏まえながら、戦争放棄・軍備撤廃を定めた日本国憲法においては、国際協調による集団安全保障という考え方が採られ、これが憲法の平和主義を支える国際協調として第二の基軸となっている。そして、再び国際協調主義に背反することのないように、憲法98条第2項では「日本国が締結した条約及び確立された国際法規は、これを誠実に遵守する」との歯止めがかけられている。

こうした国際協調による安全保障を求めるとしても、「諸人民」が国境を越え、一体となって行動できない段階においては、まずは国際政治のアクターとなりうる政府間の協調として安全確保をはかることから始める必要がある。そして、日本国憲法制定時においては、すでに一九四五年六月に憲章が採択されて活動を始めていた国際連合による集団安全保障体制による防衛という方法が選び採られたのである。

国際連合は、「われらの一生のうちに二度まで言語に絶する悲哀を人類に与えた戦争の惨害から将来の世代を救い、基本的人権と人間の尊厳及び価値と男女及び大小各国の同権とに関する信念をあらためて確認」（国連憲章・前文）する目的をもって設立されたものとして、憲法制定当時、まさに「平和を維持し、専制と隷従、圧迫と偏狭を地上から永遠に除去しようと努めてゐる国際社会」（日本国憲法・前文）をつくりあげようとしている新たな国際協調システムの牽引車としての役割を期待されていた。その国際連合を中心として形成されようとしている国際社会に日本国民は、ただ自らの安全を委ねるのではなく、その国際社会で平和を創出していくために「名誉ある地位を占めたい」と、主体的な先導者として活動することを誓約して出発したのである。

そしてまた現在においても、日本が国際協調主義を採り、国連によって平和を維持、創出していくことを外交政策の基調としていることは、二〇〇五年八月二日、衆議院の「国連創設及びわが国の終戦・被爆六十周年に当たり、更なる国際平和の構築への貢献を誓約する決議」*において「国際平和の実現は世界人類の悲願であるにもかかわらず、地球上に戦争等による惨禍が絶えない。……このような国際社会の現実の中で、本院は国際連合が創設以来六十年にわたり、国際平和の維持と創造のために発揮した叡智《えいち》と努力に深く敬意を表する」と表明されていることからも疑いないであろう。

さらにまた、この決議においては、国際連合を経てさらなる段階に至ることが国際協調主義の課題であると明言されていたことは、是非とも注意しておいていただきたい点である。すなわち、決議においては「政府は、日本国憲法の掲げる恒久平和の理念のもと、唯一の被爆国として、世界のすべての人々と手を携え、核兵器等の廃絶、あらゆる戦争の回避、世界連邦実現への道の探究など、持続可能な人類共生の未来を切り開くための最大限の努力をすべきである」として、「世界のすべての人々」＝「諸人民」の協調による世界連邦実現が、一つの探求課題としてあげられているからである。その意味で、第3章でとりあげるような世界連邦構想が、現在の国会決議にも恒久平和理念の思想水脈として流れ込み、

＊なお、この決議は「われわれは、ここに十年前の『歴史を教訓に平和への決意を新たにする決議』を想起し、わが国の過去の一時期の行為がアジアをはじめとする他国民に与えた多大な苦難を深く反省し、あらためてすべての犠牲者に追悼の誠を捧げるものである」という、一九九五年六月の「歴史を教訓に平和への決意を新たにする決議」、いわゆる「戦後五〇年決議」＝「不戦決議」を継承したものであるとして、当時の自民党の安倍晋三幹事長代理や平沼赳夫拉致議連会長ら自民、民主両党の一〇人近くが採決に先立って本会議場を退席し、この決議には加わっていない。その「戦後五〇年決議」の全文は「本院は、戦後五十年にあたり、全世界の戦没者及び戦争等による犠牲者に対し、追悼の誠を捧げる。また、世界の近代史上における数々の植民地支配や侵略的行為に思いをいたし、我が国が過去に行ったこうした行為や他国民とくにアジアの諸国民に与えた苦痛を認識し、深い反省の念を表明する。我々は、過去の戦争についての歴史観の相違を超え、歴史の教訓を謙虚に学び、平和な国際社会を築いていかなければならない。本院は、日本国憲法の掲げる恒久平和の理念の下、世界の国々と手を携えて、人類共生の未来を切り開く決意をここに表明する」というものであった。

将来到達すべき目標となっていることは紛れもない事実なのである。

こうした国際協調主義は、「人と人とのつながり」によって最終的に担保されるとしても、それを達成するためにはさまざまな方策が考えられる。法的には戦争を規制あるいは違法とみなす国際条約のほか、国際紛争を予防し処理するための調停機構や戦争犯罪を処罰する司法機構がありうるし、経済的には通商・金融関係を円滑に運営するための国際協定や国際機関の設立などが試みられてきている。また、国境を越えた人と人とのつながりによる相互理解こそが平和の礎石になるという考えから人的交流も進められてきていた（↓第5、6章）。それらは日本国憲法施行以前からすでに存在していたものであり、憲法の国際協調主義がそれらを前提としていることはいうまでもない。

そして、「諸人民」とのつながりによって初めて安全と生存が保持されていくという国際協調主義の立場からすれば、それは必ずしも国家間連合としての国際連合という組織だけに限定される必要はない。事実、その国際連合においても二〇世紀後半からNGOやNPOなどの参加によって平和創造・平和維持機能が果たされてきており、国際協調主義を推進する主体は政府だけではなくなりつつある。平和形成の主体として個々人のもつ意義はさらに重要性を増してきている。平和創出においては、政府の間をつなぐ「国際」よりも、民間の人々のつながりとしての「民際」のもつ比重が今後はさらに高まっていくに違いない。

このように戦争放棄と軍備撤廃・交戦権否認に先鞭をつけ、各国の軍備撤廃を促しながら、可能なかぎり構成国の自由と平等を保障する国際平和組織によって国際紛争の解決をはかっていくという国際協調主義が、日本国憲法における平和主義の第二の基軸に据えられてきた。それは、核兵器の破壊力の残酷さと殲滅《せんめつ》戦争として終わる可能性が大きい現代戦争の無惨さを踏まえ、目的が平和である以上その手段もまた平和に徹していかなければならないという論理を徹底させた平和主義を要請しているのである。

他方、にもかかわらず、東西冷戦が終わって、日本との間で直接に生じた国際紛争でなくとも解決に協力することが憲法9条の要請する国際協調であるとして、「国際協力」を名目とする軍事力の増強と自衛隊の海外派遣が正当化されてきている。しかし、はたして「どの国のいかなる軍事行動に協力」することが、国際協調主義の具体化としての「国際協力」になりうるのか、という実態に即した慎重な判断が憲法9条とのかかわりにおいて、より切実に問われることになっている。

## 第三の基軸——国民主権

このように日本国憲法においては、戦争放棄と軍備撤廃を完遂していくことと国際協調によって安全保障をはかっていくことは不可分一体のものとして構想されていたが、その平和な国際社会を形成する主体とされているのは、前文にあるように、あくまで日本国民である。ここに憲法9条の第三の基軸として戦争廃絶を実質的に生み出していくための前提として、国民主権の確立が要求される意味があり、それを憲法前文では、「われらとわれらの子孫のために、諸国民との協和による成果と、わが国全土にわたつて自由のもたらす恵沢を確保し、政府の行為によつて再び戦争の惨禍が起ることのないやうにすることを決意し、ここに主権が国民に存することを宣言し、この憲法を確定する」と明確に宣言していたのである。

つまり、日本国憲法においては、戦争を起こす主体は政府であり、戦争とは政府の行為であるとの理解に立って、その政府の行為を止めるのは主権をもつ国民以外にないこと、そして何よりも憲法が戦争廃絶を直接的で主要な目的として制定されたことが宣明されているのである。ここでは戦争放棄による平和追求という目的原理と国民主権という国家意思の決定原理とが、内容と形式を相互に規定しあう関係のものとして捉えられている。ここで国民と戦争の関係を考えれば、総力戦として戦われた二〇世紀前半の戦争において、国民は確かに戦争の被害者であったといえる。しかしまた同時に国民こそが戦争に熱狂し、戦争の遂行を政府に迫りさえした史実から目をそらすことはできない。国民の支持なしに総力戦を戦えるはずもなかったことは、否定できない事実である。

しかしながら、大日本帝国憲法においては、国民に対しては第20条で「兵役ノ義務」が課せられていたにもかかわらず、軍事に関しては国民による法的コントロールが機能する制度にはなっていなかった。陸海軍の編制と常備兵額〔兵員数・軍事予算〕の決定（第12条）や宣戦・講和（第13条）については天皇大権として議会の協賛を必要としなかったし、天皇が大元帥として陸海軍を統率・指揮する最高権限であった統帥権（第11条）については国務大臣の補弼《ほひつ》も排除され、独立性が認められているとされたため、国民は天皇や軍部による戦争決定に従うほかなかったのである。*

こうした史実を踏まえて、国民が国際情勢に関する十分な情報をもち、自らの意思を政治的決定に反映できる主権者としての自由と権利が確立されていたなら、戦争によって自ら惨害を招き寄せることなどなかったのではないかという観点から、自らの運命は自らが決定できるという国民主権の考え方が、戦争廃絶を定めた憲法に不可分一体のものとして置かれたのである。そして、主権者としての権利を与えられた以上、国民は「再び戦争の惨禍が起ることのない」ように政府に対する監視義務を負うものであることを改めて明確にしたのである。**

しかし、国家の最高意思として政治方針を最終的に決定する権限を与えられたはずの国民が現実に行

*軍事に関する国務については陸海軍大臣が、また軍隊の指揮・命令権である軍令については、陸軍参謀総長・海軍軍令部部長（のち軍令部総長）が天皇を補弼するという解釈が次第に有力となっていった。そのため、一九三〇年、ロンドン海軍軍縮条約の批准をめぐっては、浜口雄幸内閣が海軍軍令部の承認なしに兵力量を決定したことは天皇および軍の統帥権を侵すものだとして、いわゆる「統帥権干犯問題」が起こり、浜口首相襲撃事件へと発展した。

**このことは憲法施行とともに文部省が中学校一年生社会科の教科書として作成した『あたらしい憲法のはなし』において、「古い憲法では、天皇をお助けして国の仕事をした人々は、国民ぜんたいがえらんだものでなかったので、国民の考えとはなれて、とうとう戦争になったからです」との記述からも知ることができる。また、この教科書においては、一国内の国民主権による民主主義の原理が国際関係にもあてはまるとして、「じぶんの国のことばかりを考え、じぶんの国のためばかりを考えて、ほかの国の立場を考えないでは、世界中の国が、なかよくしてゆくことはできません。世界中の国が、いくさをしないで、なかよくやってゆくことを、国際平和主義といいます。だから民主主義ということは、この国際平和主義と、たいへんふかい関係があるのです。こんどの憲法で、民主主義のやりかたをきめたからには、またほかの国にたいしても、国際平和主義でやってゆくということになるのは、あたりまえであります」と民主主義によって初めて国際平和主義が達成されると説明していた。しかし、この教科書も朝鮮戦争が勃発し、再び軍備化が始まった一九五〇年には副読本となり、日米安全保障条約が発効した五二年には廃止処分になっている。

使できる監視権限は、選挙などきわめて限られている。これに反して、ポピュリズムの浸透のなかで、主権者たる「国民」の意思決定であるとして、特別措置法という名による自衛隊の海外派遣などが、憲法違反との批判が多いにもかかわらず常態化してきていることも看過できない。

## 第四の基軸――平和的生存権

こうして、戦争の惨禍を防ぐためには、国際的な協調とともに国内的には軍事力の発動に対する議会や国民による統制のために、国民主権が確保されていく必要があることを日本国憲法は明示しているが、さらにその主権者たる国民にとって、いったい「平和」に生きるとは何なのかが権利として明確にされているところに日本国憲法の特筆すべき点がある。

それでは、単に戦争がないという以上に、積極的に追求すべき価値としての「平和」とはいかなるものなのだろうか。日本国憲法の前文には「平和を維持し、専制と隷従、圧迫と偏狭を地上から永遠に除去しようと努めてゐる国際社会」とあることからすれば、「専制と隷従、圧迫と偏狭」が除去された社会であることが平和に生きるための前提条件とみなされていることは間違いない。そして、「専制と隷従、圧迫と偏狭」から解き放たれたことを権利として保障しているのが、日本国憲法第三章「国民の権利及び義務」に掲げられた「生命、自由及び幸福追求に対する国民の権利」(第13条)や「奴隷的拘束及び苦役からの自由」(第18条)をはじめとする、思想、良心、信教、集会・結社・表現、居住・移転・職業選択、外国移住・国籍離脱などの自由や逮捕や抑留・拘禁などに対する保障などの基本的人権に関する諸規定であり、何よりも主権者としての国民の位置づけであった。

　こうした自由権のうえに、日本国憲法では第25条として「すべて国民は、健康で文化的な最低限度の生活を営む権利を有する」という生存権を規定しているが、このワイマール憲法に準拠した条項は、マッカーサー草案にも欠けていたものであり、高野岩三郎《いわさぶろう》らの憲法私案で提案されていた「国民は健康にして文化的水準の生活を営む権利を有す」という規定が憲法審議のなかで加わったものである。

　さらに、これらに加えて憲法前文では「全世界の国民が、ひとしく恐怖と欠乏から免かれ、平和のうちに生存する権利を有する」と述べており、戦争や専制政治などの恐怖、あるいは経済や自由の権利などの欠乏から免れていることが平和であることの必要条件であるという理解が示されている。この「恐怖と欠乏から免かれ、平和のうちに生存する権利」を認めるという考えは、一九四一年八月、イギリス首相チャーチルとアメリカ大統領ルーズベルトが署名した大西洋憲章に対応するものである。そこではナチスの暴虐を最終的に追放した後の世界において、あらゆる人に安全に居住する権利を与えるとともに、「あらゆる国のすべての人々が恐怖と欠乏から免れて、その生が全《まっと》うできる保障を与える平和が確立されることを希望する」ことが謳われていた。しかし、大西洋憲章では、あくまで「希望する」にとどまっていたものを、「権利」として確認したところに、第二次世界大戦の惨害を越えて制定された日本国憲法に固有の人類史的な意味がある。

　このような「恐怖と欠乏から免かれ」る権利を人権として求める動きを世界史的に位置づけてみれば、まず一九世紀をかけて国家権力の圧迫からの自由として要求された自由権が憲法において実現され、次いで社会のなかでの人間として尊厳をもって生存するための権利が社会権として第一次世界大戦以降、人権宣言や諸憲法のなかで実定化されてきたのである。そして、第二次世界大戦における惨禍のなかから、平和に生きるという条件が権利として確定されないかぎり、実は「恐怖と欠乏」から免れることもできず、人権としても確立しないという認識が生まれた。そこから「恐怖と欠乏から免かれ、平和のうちに生存する権利」という平和的生存権が日本国憲法の前文に登場したのである。しかも、前文においては、その権利を日本国民に限定せず、「われらは、全世界の国民が、ひとしく」、その権利を有することを確認しているのである。ここにも「諸人民」を主体とする国際協調主義の精神が生きている。

もちろん、日本国憲法で保障した権利を具体的に全世界の人々に保障することは、課題であって制度的なものではない。しかしながら、「全世界の国民」（ここも原文は all peoples）に平和的生存権を保障したということは、例えば戦時において、あらゆる人々が殺されない権利のみならず殺さない権利、加害者とならない権利を主張できることを意味しているだけでなく、平時においても平穏に生きる権利を相互に尊重することを意味している。ここにこそ平和観の転換をもたらした日本国憲法の画期性がある。平和の問題が、国境を越えてしか成立しえない以上、その保障も国境を越えてしか意味をもたないのはあまりにも当然のことである。しかしながら、日本国憲法が出現するまで、そうした平和を権利として保障する憲法は存在しなかった。すなわち、平和とは集団間における戦争状態が継続していないことであると通常考えられているが、日本国憲法では独裁体制や抑圧的社会そして人種・民族差別などの恐怖にさらされている状況、さらには貧困や飢餓にさいなまれている社会状況に置かれていることも「平和のうちに生存しているとはいえない」とみて、これらの社会的暴力から免れることが平和であると宣言したのである。このことは、平和を戦闘状態がないなどの規準によってみるのではなく、個人の権利の側から捉え直す視点を新たに提供するものだったのである。*

この憲法前文によって採り入れられた平和的生存権も孤絶しているわけではなく、他の憲法条文と関連しており、「意に反する苦役」を禁止する憲法18条は徴兵制などからの自由を保障するものである。これらの自由権を保障する条文もまた平和を求め、平和に生きるための権利を具体化していくための根拠となっている。しかし、何よりも重要なことは憲法9条との密接な結びつきである。憲法9条は「国権の発動」として戦争や武力の行使・武力による威嚇を放棄しているが、これを主権者としての国民の立場からみるとき、憲法は平和的生存権を保障するために戦争などを永久に放棄したのであって、憲法9条は平和的生存権を制度面から保障するものにほかならないことになる。このため憲法9条に違反する事態が生じた場合、直ちに一対の関係にある平和的生存権の侵害としてこれを排除できると解釈することが可能となる。言い換えれば、憲法の保障する平和的生存権の根幹部分を規定したのが、憲法9条

＊こうした平和と安全な社会に生きることを個人の権利として認める動きは、一九七〇年代以降、国際的に広がっている。そして一九七八年の国連総会決議「平和的生存のための社会の準備に関する宣言」においては「平和のうちに生存する固有の権利」として提起され、さらに八四年の国連総会決議「人民の平和への権利についての宣言」などによって国際的に認められるようになってきている。ただ、国際連合においては、制裁戦争などの戦争が平和維持のための制度として組み込まれているために、未だ実質的な平和的生存権の保障にはなっていない。

ということなのであり、憲法9条の下で生存する権利として平和的生存権があるといえよう。

もちろん、自衛権を重視する論者にとっては、「平和と人権」を保障するためにも、軍備拡張が条件となると考えられるに違いない。しかし、二〇世紀後半からの戦争をみれば、戦争によって国民の平和的生存権が防衛されるのではなく、逆にそれが最も脅威にさらされていることは、戦闘員に対する非戦闘員（一般市民）の死亡比率が飛躍的に伸びている事実をもって反論することが可能である。* そして、このように戦争の形態が大きく変容していくなかで、安全保障の問題は、国民の安全を犠牲にしてきた国家のそれではなく、個人の安全保障を重視する必然性が出てきている。国連開発計画（UNDP）編『人間開発報告書』一九九四年版は、人間の生存や尊厳に対する脅威を排除し、持続可能な個人の自立と社会づくりを促す「人間の安全保障」という考え方を提示したが、それは国家や軍事に基盤を置く「国家の安全保障」からの脱却をめざすものであった。このように安全という課題を達成するために武器に関心を向けるのでなく、人の尊厳を尊重する「人間の安全保障」こそ、日本国憲法が平和的生存権として保障しようとした人権を、二一世紀において実現する概念として提起したものにほかならない。

日本国憲法は、第97条で「この憲法が日本国民に保障する基本的人権は、人類の多年にわたる自由獲得の努力の成果」であると規定しているが、「平和のうちに生存する権利」は、戦争放棄と軍備撤廃・交戦権否認を規定した憲法9条をもつ日本国憲法の緊密な構成要因として初めて生まれえたものである。そして、主権が「政府の行為によつて再び戦争の惨禍が起る」ことのないようにと決意した国民に存すると宣言したことと考え合わせるとき、日本国憲法が国民主権をあくまで「平和と人権」を一体のものとして保障し、実現するための権限として位置づけていると知ることができる。

そして、このことは取りも直さず、日本国憲法の三大原則といわれる平和主義、国民主権、基本的人権の保障が、それぞれ別個のものとして存在しているのではなく、まさに三位一体のものとして構成されていることを示しているのである。

**第五の基軸——非戦**

このように日本国憲法に流れ込むさまざまな平和を希求する思想や理念の水脈をたどるための基軸として、第一に戦争放棄・軍備撤廃、第二に国際協調、第三に国民主権、第四に平和的生存権をあげることができる。しかしながら、その根底にあって平和主義の基軸となるこれら理念や思想を生み出し、実現するための駆動力となってきたのは、いうまでもなく戦争に反対し平和を希求する信条であり運動であった。そうした平和を希求する信条や運動にかける熱情が時代と国境を越えて受け継がれてきたことこそが、憲法9条などの条項を含む日本国憲法を生み出すための源泉となったというべきであろう。

その意味で憲法9条の思想水脈をたどるための第五の基軸として、戦争や軍備の縮小・廃絶とそれに

＊非戦闘員の死亡者数は、その性質上、正確な数値は得にくいが、*World Military and Social Expenditures, 1996* などによれば、戦闘員に対する非戦闘員の死亡比率は一九六〇年代に五二％、七〇年代には七三％、八〇年代には八五％、九〇年代には九五％以上へと確実に拡大してきている。

よる平和の実現をめざして展開されてきた非戦や反戦の信条や運動を見逃すことは絶対にできない。もちろん、憲法の前文や第9条の条文そのものに「非戦」という文字が記されているわけではない。しかし、すでに引用してきた前文の精神や憲法9条第1項の「正義と秩序を基調とする国際平和を誠実に希求」するという宣言が、非戦という基軸の表明でなくて何であろうか。それは、何よりも戦争放棄・軍備撤廃、国際協調、国民主権、平和的生存権、という四つの基軸を貫いて一つのものとしている、という意味で基底的な貫通軸であり、思想水脈の底流となっているものなのである。

この非戦という基軸に流れ込む思想水脈としては、永久平和構想など戦争廃絶に向けた社会論や法体制論などの表明からはじまって反戦運動としての連帯思想もあれば、国家連合や仲裁裁判所などの国際平和機構設立をめざす提唱もあり、軍備縮小や兵器廃絶や出兵禁止などの思想の普及・実現に向けた自発的結社としての活動もあった。また、残虐兵器の使用禁止や侵略などを法的に規制し違法化していくための平和会議や国際法研究者の活動もあげられる。さらには政府の行為としての戦争を廃絶するためには、国家が主権や自衛権を放棄して世界連邦政府や世界国家をつくる以外にないとする運動も続けられてきている。そしてまた、宗教的信条として武器を一切手にすることなく、徴兵に対して拒否を貫き通しているドゥホボール教徒やクエーカー教徒、バハイやメノナイトなどの宗派も存在している。

こうしたさまざまな思想や運動を担った人々は、なるほど政治家や議員として憲法9条の起草や審議に直接的にかかわったわけではない。しかしながら、戦争放棄という条項が生まれる背景には戦争を違法とみなす戦争違法化運動が存在していたし、軍備の縮小・撤廃を目的とする運動も続けられてきていた。そして、憲法9条の起草や審議にかかわった人々もそうした思想や運動の存在を無視することはできなかった。いや、マッカーサー草案の起草にあたったGHQ民政局（GS）のケーディス（Charles L. Kades）がいみじくも「第九条のオリジンにはいくつもの要素が考えられます。組み合わされたコンビネーションでもあ」る（大森実『戦後秘史・5　マッカーサーの憲法』）と述べているように、起草者さえ明確に意識しなかったような理念や考え方を要素として成り立っているというのが真実であろう。

そしてまた、そのようにして成立した憲法9条を多くの日本人が歓迎し、遵守しようとした紛れもない事実を生んだのは、非戦や反戦の思想水脈が国境や世紀を越えて脈々と流れ込んできていたことと無縁ではありえなかったのである。

# 第2章

# 憲法9条の源流をさぐる
## ——国家と戦争、そして法と平和

## 平和論の前提

憲法9条第1項では「国権の発動たる戦争」を放棄すると規定し、憲法前文では「政府の行為によって再び戦争の惨禍が起ることのないやうにすることを決意」すると明記している。

戦争が国家主権の現れであり、政府の決断として戦争がおこなわれるということは今日の私たちにとっては、疑う必要もない常識に属することかもしれない。しかしながら、戦争が国家の主権的行為である、ということは人類史のなかにおいては、けっして自明のことではなかった。それは、あくまでヨーロッパ近代世界に現れた国家や国際法にかかわる政治過程や議論のなかから生まれた歴史的な所産にすぎない。さらに、戦争が政府の行為として引き起こされるとしても、実際に戦場で戦うのは兵士であり、その兵士をどのように調達するのか、という方法も歴史的に変わってきている。そこには近代における国家とは何か、誰がそれを守るのか、という問題が大きくかかわっている。

近代日本も、このようなヨーロッパに起源をもつ国家システムや国際法体系を受容することによって国際社会の一員として認められていったが、それによって主権国家の要件としての憲法をはじめ、徴兵制などの軍制や国際法上の戦争法規などを受け入れ、それに従って対外戦争を繰り返していくことになったのである。

しかしながら、このような国家主権の絶対性とそれに基づいて戦争に訴える方法が疑われ、主権の発現としての戦争を制限する集団安全保障体制へと移行し、あるいは条約によって戦争を廃止する方向に動いてきたのが、第5章で述べるように第一次世界大戦以後の国際社会であった。にもかかわらず、今日においても国家の主権や自衛権の絶対性を主張し、憲法9条が国家主権を否定した不当なものであるとの議論は制定時以来、絶えることはなかったし、今また盛んになっている。

このような議論の対立は、第一次世界大戦以後の国際社会の転換の意味をどのように理解するかの違いに起因しているように思われる。そのため、本章ではまずこの転換の意味を明らかにするために、第一次世界大戦までの国際社会において、戦争を引き起こす主体や権限がいかなるものとして法的に構成されてきたのか、また戦争という行為を禁止するためにどのような構想が提起されていたのかを明らかにしておきたい。

こうして戦争において国家や政府、そして国民がいかなる位置づけを与えられ、どのような役割を果たしてきたのか、さらにそれがいかに法と関係づけられてきたのかという経緯を明らかにしておくことは、憲法9条と憲法前文が意味していることを正確に理解するためにも避けて通れない課題となる。

さらにまた、憲法9条へと直接につながってくる第一次世界大戦後の集団安全保障体制や戦争放棄の動きも、けっして突然に現れたわけではない。それは長い前史をもっており、その思想を源流として生まれてきたものであった。そして第一次世界大戦後の戦争を規制し、禁止するための国際組織設立などの平和構想が各国で受け入れられていった背景には、主権国家を行為主体とする国際法体系が世界的に受容され、戦争が国家主権との緊密なかかわりにおいて捉えられるようになったことへの対応として、軍備や戦争を否定する平和構想や非戦論などの思想の浸透があったのである。

近代日本においても、このような国際法体系に参入したことによって、初めて国家間の戦争と平和という問題が認識されることになった。そして、平和とはいかなるものであり、それがどのようにして実現されるのかという問題も、まずは欧米の平和思想の受容として現れることになり、それが日清戦争以降のいくつもの対外戦争を通して自らの切実な体験に基づく思想として血肉化されていったのである。

数世紀も前の議論など、時代状況も違い、価値観も違った現時点で、役に立つのか、という疑問をもたれる方が少なくないかもしれない。しかしながら、今、私たちが平和ということを考えようとするとき、個人と国家、そして国家間のかかわり方などを平和と戦争との関連から考えようとした人たちの発想のしかたや論理構成がいかなるものであったのか、について根本に立ち戻ってみることは、問題の所在を確認するうえでけっして無益ではないはずである。

本章では、こうした視点から、近代世界において成立した国際法体系とそれへの対抗として構想されたヨーロッパにおける平和論のなかに、憲法9条につながる思想水脈をどのように見いだすことができるのか、その源流を訪ねてみたい。

## 1　戦争と主権国家体系、そして国際法

### ヨーロッパの軌跡をたどる

戦争とは、部族、民族、国家などの政治的単位集団が対立する相手方を屈服させ、自らの意思に沿って紛争を解決するという目的をもって、組織的化された暴力を行使するものである。そこには利害関係をもつ政治的集団と武力行使のための組織的兵力＝軍隊という条件が不可欠であり、基盤集団としての国家と軍隊とがあって初めて戦争がおこなわれることになる。

このことを裏返していえば、「政治的単位間の武力行使がある程度継続的に停止している状態」と定義される平和を維持するためには、そもそも紛争が起こらないように利害対立を未然に防ぐか、紛争解決の方法を戦争と異なった国際協調方式のものにするか、世界国家などの設立によって基盤集団となる国家を解体するか、軍隊を廃絶するか、という方向に解決を求めることになる。そして実際、近代においてはこうした方向に沿ってさまざまな試みや議論が重ねられてきた。日本国憲法の平和主義は、このうちの国際協調による利害対立の防止と紛争解決、そして軍隊廃絶という方策を選択したことになる。

このような戦争ないし武力行使に対していかなる法的判断や規制を与えるかは、時代や地域により大きく異なっている。そのうち日本を含めて近代世界において主要な規準となってきたヨーロッパの国際

法についてみてみると、その転換は近代主権国家の登場のなかで起き、さらに第一次世界大戦によって大きく変換を遂げていくことになる。

## 正戦論

近代以前のキリスト教世界にあっては、トマス・アクィナスなどにみられるように、道義的律法の侵犯者を制裁するという正当な目的以外の戦争を法的に排斥しようとする考えが強かった。こうした考えから戦争を正義か不正義かに区別し、その戦争原因が神の意思に基づく正義の執行として正当性をもつと認められる戦争のみを正当な戦争として容認するという「正戦論 bellum justum」が生まれた。

正戦論においては、神やキリスト教共同体など、王朝国家や民族を越えた上位の権威が存在し、正当な戦争であるか否かを判定できるという想定が前提となっており、適用範囲はキリスト教圏に限られたものであった。そのため異教徒との戦争においては抑止効果をもちえず、異なった宗派や宗教の信徒を殲滅するか改宗させるまでは正戦＝聖戦を続けなければならないという使命感に支えられて、戦争を制限するという本来の意図とは逆に、十字軍にみられるように終わりなき戦争に駆り立てる機能さえ果たすことがあった。また、同じような理由から、キリスト教国間の宗教戦争についても、戦争を停止させることができなかった。

国際法の父とも称されるグロティウス（Hugo Grotius 一五八三―一六四五年）が『戦争と平和の法』（一六二五年）を著したのも、まさにカトリックとプロテスタントの諸国を巻き込んで繰り広げられた宗教戦争であり、最初の「ヨーロッパ大戦」とも称された三十年戦争(一六一八-四八年)の渦中においてであった。

グロティウスは正戦論の立場を擁護しながらも国家間の連帯を基礎づけるために、キリスト教教義や神の意思の代わりに万人がもつ理性と社交性に基づいて、異民族間にも通用する人類共通の法としての国際法を構想したが、これによって不正義の戦争を避けることをめざしたのである。その正戦論においては自己防衛や侵奪されたものの奪還、不正に対する制裁などが認められたが、原因が疑わしい場合には国際的な交渉や仲裁手続きによって戦争の発生自体を未然に防ぐことを説き、国際仲裁制度につながる発想を示していた。また、自然法に基づく個人の人権尊重の立場から、宗教的不寛容のなかで戦われた戦争における残酷な戦争手段や方法を抑制することを唱えて、戦時国際法への道を開いた。

とはいえ、こうしたグロティウスの正戦論や自然法による戦争抑止の議論が実効性をもつためには、不正な戦争であると権威をもって認定でき、その不正戦争の遂行者を制裁できる強制力をもつ組織や機関の存在が必要となる。グロティウスが最高権力者による戦争を「正式戦争 bellum solenne」として認めたのもそのためであった。しかしながら、神聖ローマ帝国の人口のほぼ三分の一が戦死したとさえいわれる三十年戦争によって、宗教的権威が国際秩序を維持していく機能を果たしえないことは明らかになっていた。そのため三十年戦争の講和条約として結ばれたウエストファリア条約においては、国家にその領土内の統治のほか戦争を起こす外交決定権などの独立主権が認められ、国際秩序維持の主体となった。もちろん、一八世紀に至るまで法王や神聖ローマ皇帝などの権威が失墜してしまったわけではなかったが、近代国家が軍事組織を独占的に把握していくと、国家を越える上位の権威や権力は存在しないとの主権意識が強まっていった。

## 主権国家と戦争合違無差別論

主権概念そのものはフランスの法学者ボダン（Jean Bodin）が定義したように「国家における市民と被治者に対する最高、絶対にして永久的な権力」として、中央集権的な国家形成を妨げる封建的な教会や王朝貴族などの諸勢力を排除するための一種の抗議的概念としての機能を果たしたものであった。しかし、政治社会における至高・唯一・絶対・永遠なる権力が国家に認められると、主権者たる国家は他のいかなる国家からも干渉を受けることなく外交や内政問題を排他的に自由に処理できる最高の権限をもつものとみなされるようになっていった。

このように主権国家がその意思決定において、それぞれが至高で絶対性をもっているとみなされると、その国家が起こした戦争について正、不正を客観的に判定しうる国家は存在しないことになる。こうして戦争当事者たる国家の対等性を認めざるをえなくなり、国家主権平等の原則（principle of sovereign equality of states）の下での戦争においては、正戦論を適用することは困難となった。また、主権国家は自らの同意によってのみ国際法に拘束されると考えられたため、他の国家が国際法の遵守を強制することもできなかった。かくして国際社会は、一種の無政府状態となり、戦争が起こったとしても当事者のいずれも正当なものとみなさざるをえなくなり、正戦論に代わって戦争開始そのものが合法か違法かについては差別しないとする無差別戦争論＝戦争合違無差別論*が支配的となっていった。

この戦争合違無差別論の下では、戦争に訴えること自体、何ら違法でなかったため、特定の戦争が侵略などの理由によって法的に非難されることは理論上ありえなかった。そのうえ戦争合違無差別論には、戦争が時には紛争解決の合法的手段として有効であるという考えも含まれていた。そのため軍事装置を独占的に把握した国家は、主権の行使として、いかなる理由によろうと、いつでも戦争を開始でき、その武力に応じて他国を攻撃し、戦勝の結果として権益や領土を獲得することが法認されていた。その場合でも、開戦理由として自国の権益や名誉が侵害されたとして自衛権が主張されることはあったが、それはあくまで国内での戦意高揚や他国の支持を得るための戦略論として唱えられたにすぎなかった。

こうして戦争のなかから主権国家が生まれたが、今度は逆に主権国家が戦争を生む時代となった。そして、戦争を起こすこと自体が自由で合法とみなされると、戦争に国際法が関与するのは、交戦中に守られるべき実定法を制定して戦闘行為の残虐性を減少させるとともに、戦争に加わる国を制限して戦争規模の拡大を防ぐための領域に限定されることになった。この戦時国際法（戦争法）には、交戦国と主権の行使として戦争に加わらない中立国との間の法的関係を定めるための中立法規と、戦争開始後の交戦国間の非人道的な戦争手段を規制する交戦法規とがあった。ただ、戦時国際法を遵守しない場合でも、これに対する制裁が制度化されていたわけではなく、それを守らなければ報復措置によって受ける自らの被害を避けることが動機づけとなっていたのである。

## 勢力均衡政策

このように国家主権平等の原則の下においては、戦争合違無差別論による国際紛争解決が手段として用いられることになった。しかし、いうまでもなく権利として対等な主権国家間にも、常に利害関係においては対立があり、軍事力などの国力においてはかなりの差異があるのが現実であった。しかも、それぞれの国家が独自の判断によっていつでも戦争が自由に開始できる正当性をもっている以上、突発的に起こるかもしれない戦争をいかにして抑制するかは、小国のみならず、いずれの国家にとってもまさに死活問題となった。

国力に差異ある国家が並存するヨーロッパ社会において、一九一四年の第一次世界大戦勃発まで安全保障政策の基本指針となったのは、各国家が軍事力のほか経済力や政治力など国力のバランスをとることによって、国家間あるいは同盟の間で戦争が起こることを抑制しようとする勢力均衡《バランス・オブ・パワー》政策であった。これは主権国家体系の内部に圧倒的に優位なパワーをもつ国家が台頭してくるのを抑えるという意味で、主権平等の国家体系を維持する機能ももっていた。なぜなら、ある一つの国家や同盟が突出したパワーをもつことになれば、ほかの国家は自律性をもって独立主権を維持できなくなるからである。

＊この戦争論は通常、日本でのみ無差別戦争論と称されているが、誤解を招きやすいことと戦争違法化論との対比を考えて、本書では戦争合違無差別論としておく。ただし、戦争開始が合法とみなされても、戦時中は戦時国際法や中立法規などの遵守は要請された。なお、正戦論の思想は、国際連盟によって戦争そのものの正当性が問題とされ、侵略戦争に対する制裁が国際平和維持の手段とみなされるようになって、形を変えて復活することになる（→180頁）。

この政策はまた国家間ないし同盟間のパワーが均衡していれば、戦争に訴えても必ず勝利する見込みはなく、また戦闘が長引くことによって負担しなければならないコストは高まり、さらに敗北に対する恐怖から戦争を回避するという意味で戦争抑止政策ともなっていた。

こうした外交政策が採られていた時代にあっては、たとえ、ほかの国が不正義な侵略をしてきたとしても、その侵略国の軍事力が弱小であれば抑圧することができるために、均衡状態の決定的侵害とはならない。逆に、優越性をもった国家が現れると自国だけでは抵抗できないために、その優越性に対して他の諸国と同盟を結んで軍事力を対等にするか凌駕《りょうが》することが必要となり、締盟国の一方が交戦状態に入った場合は支援するか、中立国となることを約束する条約が結ばれることになる。

その同盟、中立関係をいかに取り結んでいくか、つまり各国の国力や国際関係をいかに認識し、どのようなスタンスをとるかは国家の存亡にかかわる重要問題であり、勢力均衡政策を維持していくために国際情勢を的確に判断し、自国に有利な陣営をつくりだす交渉能力などの外交力もまた国力の主要な要因となっていった。

こうして一九世紀中期の「イギリスの平和《パクス・ブリタニカ》」のように覇権国家による安定が訪れた時期を含め、ヨーロッパでは勢力均衡政策によって主権国家体系が維持されていた。だが、そこでは軍事力が強大化していくことを抑制するメカニズムが内部的に働くことはなかった。なぜなら、勢力均衡政策といっても、それは戦争こそが国際紛争を最終的に決する手段であることを前提として成立していたのであり、戦争という手段にいつでも訴えるためには常備軍が不可欠であった。そのため一国だけが軍備縮小をはかるという政策は現実的に採られることもなく、強大な軍事力をもって、他国を威圧し、敗戦の可能性を相手側に認識させる政策が選択され、常備軍は不断に拡充されていった。

もちろん、戦争による紛争の決着はその財政負担と敗戦の可能性を考えれば、けっして望ましいものではなかった。しかし、各国の経済力と財政力が伸長していくにしたがって、一国の軍備増強は他国の軍備増強を促し、それが反作用となって軍備増強に向かうという相互作用の連続となって競争に歯止めがかからなくなっていき、軍事同盟のネットワークをより多くの国家間で結んでいくことによってバランスをとる同盟政策が採られていった。さらに、ヨーロッパ内における勢力均衡の破綻を植民地の獲得によって補塡するなど、グローバルな観点からの均衡がはかられることになっていく。

こうした勢力均衡政策による軍事力の増大と同盟関係の網の目が植民地を含んで極大化していくと、他国の戦力や開戦意図についての誤算や偶発的な事件が均衡による平和を一挙に突き崩すことになる。勢力均衡政策によるバランスは、あたかもトランプでつくられた家のように、微かな風でも一瞬にして崩れ去るような、危うい均衡として保たれていたのである。そして、建艦競争で激化したイギリス・ドイツの対立、植民地モロッコをめぐるフランス・ドイツの対立、バルカン半島におけるロシア・ドイツ・オーストリアの角逐が先鋭化するなかで起きたのが、一九一四年六月のサラエボ事件であった。事件自体はセルビアという弱小国とオーストリア帝国との衝突にすぎなかったが、三国同盟や三国協商*などが複雑に絡みあっていた勢力均衡関係のバランスにドミノ倒し現象を引き起こし、数カ月で終わるとみられていた戦争は世界各国を巻き込んで四年にもわたる第一次世界大戦へと広がっていく原因となった。

勢力均衡政策とは、こうして軍隊と戦争を永続化させる温床としてあっただけでなく、軍事力によって平和を生み出そうとしたことによって、平和をめざしながら戦争を生み出すものだったのである。

## 2 国民国家と徴兵制

### ルソーの人民主権論

ところで、勢力均衡政策を採っていた主権国家も、国内の主権の所在によって君主主権、国会主権そして国民主権などのさまざまな政治体制の差異があった。

もちろん、主権概念がそもそも唯一・不可分のものである以上、それは国家を代表する一人の人格に担われることが前提となっており、そのために主権論は絶対主義国家の正統性論拠として受け入れられてきていたのである。しかしながら、国家財政を担う市民層が台頭し、納税者として国家の決定権への参画要求が高まってくると、社会契約論などを媒介としながら国家を構成する人民全体の集合体が主権の所有者であるとするルソー（J. J. Rousseau 一七一二―七八年）の人民主権論などが有力となってきた。ルソーはまた人民の福祉を真に保障するためには戦争を廃絶する必要があり、その国際平和を確立するためには平和の享受者としての人民が主権者となる革命が必要であるとして、人民主権による政府樹立と国際平和の確立を関連づけて捉えていった（↓69頁）。

こうした被治者とされている人民こそが国家の主権者でなければならないという議論はフランス革命以後、その国家に国籍ないし投票権をもつ国民が主権の担い手として憲法を制定する主体であり、その主権は国民代表が行使するという国民主権論として普及していった。日本国憲法前文が「日本国民は、正当に選挙された国会における代表者を通じて行動し、……ここに主権が国民に存することを宣言し、この憲法を確定する」と宣言しているのは、この国民主権論**に立つものである。

ところで、国民国家とは、国家が主権者としての国民の共有物（republic = rès〈物〉+ publica〈公共の〉）であるという認識から成り立っている。そして、国家の共有者である国民を主権者として参政権を与え

*ドイツ・オーストリア・イタリアの三国同盟が相互的軍事援助同盟であったため、これに対抗するためにイギリス・フランス・ロシアの間にそれぞれ軍事協定が結ばれて三国による対抗陣営が形成された。これらは現在のことばでいえば集団的自衛権にほかならない。つまり、集団的自衛とは陣営形成によって勢力均衡政策を採ることを意味しており、国際連盟や国際連合が採る集団安全保障とは質的に異なった外交政策なのである。

**国民主権については、そもそも主権の唯一・不可分性、不可譲性などからみて、それをいかに理解するのかについて大きくは、代表を通じて行動するという点に着目して投票権者の総体としての国民が国家意思の最終決定権をもつとする説と、特定の行為権限や大統領や首相や議員などの個別人格に最終決定権があるのではなく国民全体の意思にあるという説に分かれる。なお、ルソーは、主権はその不可譲性からみてほかの誰にも代表されることはありえず、人民が直接にその意思を反映させる直接民主制による人民主権しかありえないと考えていた。

る代わりに、自らの国家を守護するために兵士として命を捧げることが要請された。このため国民主権論を生んだフランス革命は、その双生児として国民に兵役義務を課し、一定期間強制的に徴集して兵役に服させる義務兵役としての徴兵制＝国民皆兵制を生むことになった。それは国民が自己決定権として戦争などの国家行為を選択した以上、それを遂行する義務も負うというものであった。

それまでの軍隊は、貴族などが特権的に軍人としての職業に就き、兵士は傭兵であるか、国王や貴族の手兵であった。しかし、バスティーユ監獄の襲撃からはじまって、イギリスやオーストリアなどの外国からの革命への干渉軍との戦いの前線に立って革命の成果を死守しようとしたのは、護国兵(Gard Nationale)であった。この護国兵を構成する義勇兵士が歌った「ラ・マルセイエーズ」がフランスの国歌となり、その軍旗であった三色旗がフランス国旗となっていることに象徴されるように、政治権力を手中にし、国土を侵略戦争から守るのは国民自身であるという認識が生まれ、一七九二年二月にはすべてのフランス国民が護国兵に編入されることになって国民軍を生む契機となった。

しかしながら、一七九二年七月、立法議会が「祖国は危機にあり」との非常事態を宣言し、翌年三月には三〇万人の徴兵を指示したものの、このとき早くも徴兵を嫌う反乱が起きるなど徴兵制への移行は容易ではなかった。そのため、七月には国民公会が「自由と憲法を守り敵から国土を解放するためにフランス人民は命を捧げる」として国民総動員令が出され、ここに初めて義務的な国民皆兵制が始まることになったのである。そして、一七九八年には「政府が常に戦争を遂行できる」ことを目的とした実質的な徴兵法が制定されて、二〇歳から二五歳までのすべての男子が平等に平時で五年、戦時には無期限の義務兵役につくこととなった。ただ、フランスの国民皆兵制は徴集免除規定など時代によってその内実に大きな差異があり、一八七二年になって完全な国民皆兵制*となったともいわれる。

### 国民軍とナショナリズム

その後、ナポレオン一世の下で徴兵制は拡充され、一八〇〇年から一三年まで二六一万人にのぼる徴兵をおこなって国民軍の充実をはかった。そして、革命擁護・祖国防衛意識として育まれた愛国心によって精強となった国民軍が、封建諸王国の少数精鋭の職業軍隊を撃破したことによって国民武装の大兵力軍の優位が認識され、徴兵制が大陸諸国で採用されていった。さらにフランス国民軍の勝利は、旧体制の破壊によって国民国家形成を促し、諸民族の抵抗運動のなかからナショナリズムを生み出す覚醒剤として大きな作用を果たすことになった。一八〇七年から八年にかけて、フランス軍占領下のベルリンでフィヒテがおこなった講演「ドイツ国民に告ぐ」に、「すべての教育は国民教育でなければならず、したがってすべての教育はドイツ人に共通のドイツ語でなければならない」といったナショナリズムを鼓吹する主張が含まれるのは、そうした思潮を反映したものであった。

一七九二年九月、ヴァルミーでフランス軍に破れたプロイセン軍の露営にあった文豪ゲーテは、「こ

*国民皆兵制とは、すべての国民が必ず兵役の義務（必任義務）を負う制度であり、徴集猶予がある場合には国民皆兵と呼ばない場合がある。また、その強制的兵役義務の施行方法には、平時に一定の期間、部隊に編入・訓練して戦時に備える徴兵制と、非常時においてのみ国軍を編制する民兵制とがある。

の日、この場所から世界の歴史に新しい時代がはじまる」（A・マチエ『フランス大革命』）との予感を抱いたという。このときゲーテが何を予見していたのかは不明だが、一般には一八〇六年のイェーナの戦いにおいてフランス国民軍がプロイセン傭兵軍に勝利したことによって徴兵制が世界に普及していく契機となったといわれている。

ナポレオン戦争の最大の戦果は、国民国家体制と徴兵制、*そしてナショナリズムをヨーロッパに押し広げ、さらに世界各地へ、あたかも人類にとって普遍な原則のように浸透させていった起点となったことにあることは否定できない。そしてまた日本も、一八三二年フランス徴兵令などを参考にして徴兵制を採用していったのである。

## 日本の徴兵制

ナポレオン戦争への着目は日本では幕末から始まっていたが、維新後の明治政府もまた一八七〇（明治三）年、陸軍をフランス式にすることとし、国民皆兵制を採用した。

そして、七二年一一月の「徴兵告諭」は「四民漸《ようや》く自由の権を得せしめんとす。これ上下を平均し人権を斉一にする道にして、則ち兵農を合一にする基《もとい》なり。……均《ひと》しく皇国一般の民にして、国に報ずるの道も固《もと》よりその別なかるべし」として、国民として同一の権利をもつゆえに権利としての兵役を与えるという方針を示したのである。**「徴兵告諭」はまた「国家に害あれば人々その災害の一分を受けざるをえず。このゆえに人々心力《しんりょく》を尽し、国家の災害を防ぐは即ち自己の災害を防ぐの基たるを知るべし」

として、国民こそが国家の担い手であるという国民国家の原理によって防衛の義務を負うことを説諭していた。

この「徴兵告諭」は、国民の共有物である国家を守るのは、自己を守ることにほかならないと説く点で、フランス革命における国民国家論と徴兵制とを結びつけた論理と似通ってはいる。しかしながら、その前提はまったく異なったものであった。なぜなら、「徴兵告諭」から二〇年を経て施行された大日本帝国憲法においても、国民は主権者ではなく、主権者たる天皇の「臣民」としての地位しか与えられていなかったからである。つまり、一九四七年施行の日本国憲法において日本国民は、初めて主権者と

＊ただ、ヨーロッパの大陸諸国と海を隔てていたイギリスとアメリカでは、常備軍が民主主義に対する脅威となり、財政負担が大きいとして、民兵制度に基礎を置く志願兵制度を維持した。イギリスとアメリカが徴兵制を採用したのは、第一次世界大戦においてであった。

＊＊日本の徴兵制は、四民平等を宣言し、国民の権利平等を前提としているように一見すればみえる。しかし、政府がそれを賦役や徴税に代わる義務＝兵役と捉えていたことは、同じ「徴兵告諭」に「凡そ天地の間、一事一物として税あらざるはなし。以て国用に充（あ）つ。しからば則ち人たるもの固より心力を尽し国に報ぜざるべからず。西人これを称して血税と云う。その生血を以て国に報ずるの謂（いい）なり」とあることに明らかである。これに対して徴兵令反対の一揆が各地で起き、岡山では二万七千人近くが、香川では二万人、鳥取では一万二千人などが処罰されている。その後も徴兵逃れが多発したのは、権利を欠いたまま苦役を強いたことへの反発の現れでもあった。なお、徴兵忌避などに対処するため、徴兵令はしばしば改められたが、一八八九年の憲法制定とともに改定されて平時徴集猶予が廃止され、国民皆兵制度の原則が確立した。これにより満一七歳から満四〇歳までの男子全員が兵役義務を負うことになった。ただ、平時においては財政的問題もあって抽選や志願兵優先によるなど全員が徴集されたわけではない。

なったのであり、法的にみれば主権者と認められる七七年前にまず、「天皇の兵士」＝「股肱《ここう》の臣」としての位置づけを与えられて出発していたのである。

このように国民主権の実態を欠いたまま、比較的に少ない財政負担によって所要兵力を強制的に確保していくためには、徴兵逃れや忌避感を取り除いて軍隊に心服させていく必要があり、すべてを軍隊に捧げる「尽忠奉公の至誠」や排外的愛国心を注入することが必須の条件となっていった。兵営内の生活単位である内務班において「愛の鞭《むち》」といわれる私的制裁によって命令への服従が強制され、現役服役期間以外でも小学校からはじまって青年団や在郷軍人会によって「忠良なる兵士」としての規律化が日常化していったのもそのためであった。

他方、武力によって幕府を打倒して政権を獲得した明治新政府にとっては、再び自らの政権が倒されないためにも武器を国民から剝奪し、政府軍だけが独占的に軍備の充実をはかる必要があった。廃刀令と徴兵令の強制が並行しておこなわれたのは、そのためであった。もちろん、軍備の充実は、不平士族の反乱や国民の抵抗に備えるだけでなく、「万国対峙《ばんこくたいじ》」が課題とされたように隣接する清国や欧米列強などあらゆる国家と敵対する可能性を意識したものであった。

しかし、政府からみれば徴兵された兵士は、社会的・政治的な問題をもったまま軍隊に入り、そこで軍事訓練を受けているために常に武器を政府に向ける可能性を秘めた警戒すべき存在でもあった。その意味で日本の軍隊は、外敵に対してよりも、まずは天皇に忠誠を誓わせ、ついで政府に従わない国民を威圧するものとして存在する必要があった。事実、一八七八年には天皇を守るはずの近衛兵が反乱（竹橋事件）を起こしたが、その際、皇居を焼き、諸大臣を殺害する計画があったといわれている。政府がその後、軍人訓戒や軍人勅諭を発して軍律の強化に血眼になったのは、そのためであった。しかし、軍人の政治的関与については、大日本帝国憲法施行後も陸海軍大臣が軍政に関与できるシステムになっていたため、問題を含むことになった。

軍隊をもって反政府勢力を抑圧し国内秩序維持をはかることは、為政者にとって一貫した要諦とみなされた。自由民権運動などの国民の参政権要求に激しい敵愾心《てきがいしん》をもった岩倉具視が、天皇「陛下が愛信して股肱とし、かつ以て国家の重きをなす所の海陸軍および警視の勢威を左右に提《さ》げ、凜然《りんぜん》として下に臨み、民心をして戦慄《せんりつ》する所あらしむるべし」（「府県会中止意見」一八八二年）と述べたのは、「天皇の軍隊」＝「皇軍」としての日本の軍隊が何を守るために存在していたのかを如実に物語っている。そして、こうした政府における軍隊観に対応するように、一八八四年、自由民権派が政府打倒を計画したとして処罰された飯田事件の檄文《げきぶん》は、政府が「その兵備を盛んにする、口を外患を禦《ふせ》ぐに藉《か》して自《みず》からを欺き人を欺き、その実ただ一に己の藩閥有司専政を保持し、永くその地位を衛《まも》るの一主点に用いるのみ」として、軍隊が国民を守るためではなく政府を守るために増強されていくことを批判していたのである。

このような史実を顧みるとき、日本国憲法における平和主義の基軸となる平和的生存権は、国内における「戦力」から危害を加えられることに対する抵抗権も含むものであることは改めて確認しておく必要があるだろう。たとえ、国土防衛という自衛が最大目的であっても、交戦状態になれば作戦遂行が最優先課題となるのは、軍隊にとって避けられない宿業であり、それは個々の兵士の善意とはまったく無関係の次元の問題なのである。そのことは、終戦直前に日本軍によって沖縄県民が生存権を脅かされた事実、あるいは満洲国における関東軍が住民保護を放棄し、その結果一五五万人の在満者のうち一八万の人々が命を失ったという事実などを考え合わせれば、単なる仮想的事態ではないのである。

## 国民国家と戦争

さて、本来、「法の前の平等」という理念に基づいて、主権者として公の負担を平等に負うというのが国民国家の原理であり、国民が平等な兵役義務を負うのは、あくまで主権者としての権利に対応するものであった。そのため愛国心も自らの国家を愛することとして、フランスの護国兵のような祖国防衛意識につながっていた。しかしながら、日本において国家は主権者たる天皇のものであり、当初、教科書においても忠君と愛国とは別種のものとして扱われていたのである。しかし、愛国心の欠如が明白になってきた日露戦争後には、目に見える忠誠の対象としての天皇への忠君がすなわち愛国にほかならないとして、忠君愛国が一つの徳目として教え込まれるようになった。それはまさに天皇の兵士としての倫理にほかならなかった。

そもそも国民国家の戦争は、ナポレオン戦争がそうであったように、明白な他国の領土への侵入であっても祖国防衛のための聖戦として「平和のための戦争」と呼ばれ、国民の使命感を駆り立てることを常としてきた。近代日本の戦争における開戦詔書をみても「東洋全局の平和を維持せむと欲し」（日清戦争開戦詔書、一八九四年八月)、「平和を恒久に維持せむことを期し」(日露戦争開戦詔書、一九〇四年二月)、「東亜の安定を確保し以て世界の平和に寄与する」(米英両国ニ対スル宣戦ノ詔書、一九四一年一二月)と平和追求のために開戦することが宣言されていたのである。

こうして戦争目的が平和を希求することとして掲げられ、国民全員の使命とされるとき、その戦争に反対することは、「非国民」として非難されるだけでなく生命の危機にさらされることになる。しかも、国境によって出入国が厳しく管理される主権国家においては、国籍を変えることも、国外亡命をはかることも困難なため、いったん戦争が始まると沈黙するか、面従腹背でも戦争を支持するしか選択肢がなくなる。

こうして世界に波及していった国民国家は、国民を統合し、敵国を非難し自国を賛美する愛国心やナショナリズムを糧とし、安いコストで大量の国民を兵士として動員できるようになり、戦争を生む装置として有効に機能することになった。そして、東アジアにおいても日本が清朝に勝利したために、国民国家による国民軍をつくることが重要な政治課題となっていった。

かくて、国民国家においては、戦争が一つの国民統合のための社会的制度となり、政治指導者も国民もナショナリズムによって相互に煽られ、国家としての威信が傷つけられ、失うことに危機感を抱くようになる。そして、逆に国民統合が揺らいでくると一体性に向けた引き締め策として、あえて「敵」をつくる戦争がしばしば起こされるようにもなった。戦争こそ他国の民族を屈服させることによって自らを高める栄光ある行為と考えられ、戦争することが国民精神の高揚の現れと見まがわれることになっていく。

　国民国家は、それが国民主権による自己統治という実態を伴わないとき、そしてまた主権者自らによる理性的な自己統制が働かなくなったとき、どこまでも歯止めのきかないままに戦争に駆り立てるシステムとして機能するのである。

## 3　憲法における戦争放棄条項

### 最初はフランス憲法

　ところで、憲法9条第1項の戦争放棄条項は、直接的には後に述べるように（↓186頁）、一九二八年の不戦条約の思想につながるものであった。そして、不戦条約は第一次世界大戦後の戦争違法化運動のなかから生まれてきたものであったため、憲法に戦争放棄条項を置くことは、二〇世紀になってからの現象のように考えられがちである。しかしながら、実は「戦争放棄」が最初に規定されたのは、初めて国民主権を定めたフランス憲法においてであった。

　すなわち、フランス革命の成果を法典化することをめざした国民議会は、新憲法の骨子として一七九〇年五月に「憲法条項」9カ条を定めたが、その第4条が九一年九月憲法の第6編において「フランス国民は、征服の目的をもって、いかなる戦争をおこなうことも放棄し、また、その武力をいかなる人民の自由に対しても行使しない」として条文化されたのである。

さらに注目すべきは、一七九〇年五月に出された「和平および戦争をおこなう権利に関するデクレ（法令）」において、開戦と講和の権利は国民に属するものであり、立法府の法によって初めて効力をもつと規定したうえで、「開始された敵対行為が大臣または執行権をもつ何らかの官吏の責めに帰すべき侵略であると立法府が判断した場合、侵略の行為者は国家危殆犯《きたいはん》として訴追される」という規定も置かれていた事実である。戦争犯罪という法概念についても、通常は第一次世界大戦後のヴィルヘルム二世の訴追をもって最初の事例とみなされているが（↓183頁）、国内法においてはすでに戦争放棄との関連で戦争犯罪を訴追する条項が一七九一年には現れていたのである。つまり、征服戦争放棄は単なる政治的宣言というにとどまらず、その違反に対して裁判によって刑事制裁を科すことで実効性を確保しようとしたものであった。

はたして、例えば、軍隊規定をもつ憲法にこのような処罰規定が設けられたら、為政者はいかなる対応をすることになるのであろうか。あるいは、例えば日本では、憲法9条にもかかわらず、軍事力をもった部隊の海外派遣を起案した官僚とそれに賛成した国会議員の子弟（その範囲と人数は法律で定める）は、その前線兵士として徴集される、といった法律が新たに設けられたらどうなるであろうか。

仮定の話はともあれ、一七九一年フランス憲法で放棄された戦争は、あくまで征服戦争に限られていたが、同時に軍事力は国民に向けてはならないと禁止しており、先に引用した岩倉具視の意見書との対比でも注目される。また、戦争を起こすのが行政府の大臣や官吏であり、その過ちを国民意思を代表する立法府が処罰するという規定は、「政府の行為によつて再び戦争の惨禍が起ることのないやうにすることを」主権者たる国民が決意したとする日本国憲法前文に通じる精神でもあるといえよう。

こうした規定がフランス憲法に置かれたのは、対外戦争であれ内戦であれ、戦争によって最も被害を被るのは国民であり、主権者たる国民の自由や人権を保障するために、何よりも戦争が放棄されなければならないと考えられたからであった。さらに自国民の基本的人権を確保するために他国民の基本的人権を侵すことは他国民への圧制を容認することであり、それは必ずや自国民にはね返ってくるものである以上、「武力の行使」は絶対に容認してはならないとする思想があった。そこにはまた戦争開始などの対外的な最終決定権をもつのは主権者たる国民であり、国民は国際協調による平和のなかでこそ福利を享受できるとする、日本国憲法の平和主義における第二、第三の基軸に通じる考えが見いだされるであろう。自由と人権を保障する憲法が平和を生み、平和が自由と人権を確実なものとするのである。

このような精神によって制定されたにもかかわらず、一七九一年フランス憲法の戦争放棄条項は当初こそ国民議会の外交指針となったものの、効果的には機能しなかった。一つには先に述べたような戦争合違無差別論が支配しているなかでは、侵略戦争を不正義な戦争とする認識をくもらせ、自衛を名目とするナポレオン戦争によって国民がナショナリズムに陶酔してしまい、フランス自らが空文化させてしまったことによる。また一つには、侵略戦争の責任を問うべき立法府自体が、財産資格によって有産者で占められていて実質的な国民代表ではなく、立法府自体が好戦化していったために違法な戦争を抑制する権能をもちえなかったためでもあった。しかし、戦争放棄を希求する国民の声は絶えることはなく、一八四八年フランス憲法では「フランス共和国は、征服の目的でいかなる国民の自由に対してもけっして兵力を行使しない」との規定を再び置いている。

このような戦争放棄条項はフランス憲法に限られたものではなく、類似の規定としては一八九一年のブラジル憲法が「ブラジル連邦はいかなる場合においても、自らまたは他の国と連合して、直接または間接に侵略的戦争には参加しない」としており、一九三四年ブラジル憲法にもほぼ同文の規定が置かれることになった。*

そして、注意を促しておきたいことは、こうしたフランス憲法をはじめとする戦争放棄条項をもつ憲法の先例については、「日本国憲法改正草案」が枢密院の諮詢《しじゅん》にかけられた一九四六年四月、内閣法制局が答弁用の想定問答作成のためにまとめた資料「憲法改正案ノ諸規定ニ関スル外国立法例・第一輯」に記載されていたということである。

戦争放棄条項が憲法に規定されてきた人類の歴史を踏まえたうえで、侵略・征服戦争のみならず、あらゆる戦争を放棄することの画期性についても十分な認識が国会審議以前からあったことは、憲法9条の歴史的意味を考えるに際して、忘れ去ってはならない事実であろう。

＊一九三四年ブラジル憲法は、一九二八年の不戦条約の影響も受けていると思われるが、不戦条約以降の戦争放棄規定については、187頁を参照。

## 4　永久平和構想の思想源流

### 平和構想の出現

ヨーロッパにおいてはエラスムス『平和の訴え』（一五一七年）などの、キリスト教的ヒューマニズムに基づいた戦争合違無差別論への批判と戦争廃止に向けた平和論が現れていたが、一七世紀になるとフランスのアンリ四世（実際の執筆者は宰相シュリーとされる）によるキリスト教共和国の組織化に向けた『大計画』（一六四〇、六二年）や、クエーカー教徒ウイリアム・ペンの『現在および将来におけるヨーロッパの平和のための論説』（一六九三年）などによって、共同議会設置をはじめとする具体的な施策や体制論を含む平和構想として提唱されることになった。

さらに、「啓蒙の世紀」と称される一八世紀になると、主権国家は自己生存と国益拡大を最優先課題として要請しており、戦争こそ、まさにその国家理性《レーゾン・デタ》の発現として倫理や法をも越えて正当化されるという考えに対して、戦争とは個人に厄災と破滅しか与えず、人間の理性はそれを許すはずはない。それに反して、平和は多くの福利や平穏をもたらすものであり、理性は必ず平和を求めるといった考えが率直に表明されるようになった。そして、理性によって人間の本性や社会のあり方を知り、戦争の原因を解明することができれば、人類の進歩を妨げ、人間性を破壊している戦争そのものを廃絶することが可能になるはずであるし、そうすべき責務があるとして非戦を制度化していくためのさまざまな提案が出されることになった。

近代における平和構想の特質は、それまでの神の国の理念に基づくキリスト教的世界の統合としての平和を求める考えとは異なり、主権国家による国際体系の形成を基盤にして、諸国家間の紛争解決のための国際的仲裁組織や共同議会の設立、国家主権の制限などによる国際同盟や国家連合の結成などによって、戦争廃止を直接的な目的とする点にあった。

それはまた欧米の国際法体系を受容し、主権国家間での紛争に直面することになった近代日本にとっても、同じ思想課題が現れたことを意味していた。それゆえに戦争や軍備増強などに反対するさまざまな議論が、欧米の理論に準拠したものとして主張される要因となった。あるいは直接には欧米の議論に依拠しないにもかかわらず、同じような国家体制や社会状況に直面したことによって、内容的に対応する立論として現れることにもなったのである。

### サン・ピエール『ヨーロッパ永久平和のための案』

このように理性こそが有益なものと、よりよいものを判断しうることを前提として、一切の悪の根源である戦争の廃止の方法を実行可能な手段として最初に提起したのが、フランスのサン・ピエール（Abbé de Saint-Pierre　一六五八－一七四三年）の『ヨーロッパ永久平和のための案』*である。

サン・ピエールは戦争の原因を人間がもつ権力や名誉への欲望、征服欲と復仇心、所有欲などに求めたが、それらを排除することによって戦争を廃止することは不可能であると考えた。他方、そうした欲望などをもっているはずの人々が、例えばオランダでは七つの、スイスには一三の領邦があるにもかかわらず、それぞれ一体となった国家を形成しており、現実に領邦間には戦争もなく、自由な商業活動が保障されている。それとまったく同じように、ヨーロッパのすべての国家をメンバーとした連合（Union）を構成することは不可能ではないはずであった。＊＊

こうした予備的考察を経て、サン・ピエールは条約によって諸国家間連合をつくり、それを運営するために各国家一人の代議員からなるヨーロッパ常設会議を設立し、紛争はこの常設会議による調停や仲裁によって解決するという構想を提示した。そして、この常設会議による仲裁などを拒否したり、連合そのものを破壊しようとする違反国に対しては、仲裁の受け入れや損害賠償を連合軍の経済的・軍事的制裁によって強制するというシステムが提案されていた。これらの案が国際連盟や国際連合につながる発想であることは、明らかであろう。

しかも、この平和構想は、世界連合構想ではなかったものの最終的にはアフリカやアジアとの連合をも想定しており、とりわけインドが加盟することによってヨーロッパが植民地戦争を避けうるだけでなく、インド自身も商業的利益を拡大しうるとサン・ピエールは考えていた。平和とは、平和の敵以外に対して、お互いが敵対し征服することなどありえない状態なのであり、それはキリスト教圏を越えてすべての人類にあてはまるはずであった。

このようにサン・ピエールの平和構想は、征服による植民地獲得を否定する契機を含んだものでもあり、そのほか全ヨーロッパ共通の通貨と度量衡の採用の提案など、現在のEU（欧州連合）などで実現されていく事項も含まれていた。

サン・ピエールの永久平和構想は、ウエストファリア条約以降の主権国家体系において、主権としての平等性を前提としながらも勢力均衡に基づく権力政治の追求によって戦争に導かれるのを避けるために、君主たちが条約によって国際平和のための国際機構をつくりだすというものであり、戦争という有害な手段を放棄させることを重要条項としていた。この戦争放棄に向けて、連合国に加盟した国家は、連合軍に各国平等に兵力を拠出し、国家の大小にかかわらず平時の兵力を六千名以下に縮小することを義務づけられていた。サン・ピエールは軍事力によらずに各国全権委員の投票によって各国間の紛争解決をはかることを提案したものの、それによって解決が得られない場合には強制力をもつ武力が必要となると考え、軍備撤廃までは主張してはいなかった。

永久平和のために軍備縮小や軍備廃絶を各国が進めなければならないという主張は、カントにおいて

＊サン・ピエールの『ヨーロッパ永久平和のための案 Projet pour rendre la paix perpétuelle en Europe』と呼ばれるものは、いくつかの版があるが、一般には一七一三年と一七年に刊行されたものを併せてさしている。その著作が知られるようになったのは、晩年のサン・ピエールと面識があったルソーが紹介と批判を試みたことによっている。そして、サン・ピエールの議論をルソーの著作を読むことを通じて、カントは自らの『永久平和のために』を著すという、つながりが生まれていく。

＊＊この論理は、世界連邦論や世界政府論にも通底するものであるが、日本での主唱者の一人であった尾崎行雄は、これを廃藩置県になぞらえて、廃国置州による軍備撤廃を訴えた。

サン・ピエール

ルソー

カント

前提条件として重要視されることになっていったが、それはいうまでもなく日本国憲法の平和主義における第一の基軸である戦争放棄・軍備撤廃につながる提案であった。しかしながら、サン・ピエールが想定していた主権国家の多くは当時、君主国家であったため、国家連合も実質的に君主たちが条約を結んでつくりだす連合であった。そして、君主たちの同意を得るために、君主の地位と領土を現状のまま維持することを保障し、国内の反乱に対しては連合が援助を与えるなど君主統治にとっての利点をあげざるをえなかった。それは主権の獲得をめざそうとする「臣民」たちの反乱から君主を保護するための国家連合として、君主主権を保全することを国際平和とみなすものでもあった。こうして、その平和構想においては、戦争の最大の被害者となる人々の平和を直接にもたらすような保障が与えられることはなかった。

そこにサン・ピエールの平和構想に示唆を受けながらも、それを批判的に継承発展させるにあたって、人間一人ひとりの自由と平和という観点から国家間の平和を考えようとしたルソーには無視できない問題がはらまれていたのである。

## ルソーの永久平和論

ルソーの平和論は、『アベ・ド・サン・ピエール氏の永久平和案抜粋』(一七六一年)および『永久平和案批判』(一七八二年)などによって、サン・ピエールの永久平和論を紹介、批判するという形式をとりながら、自らが考える社会形成の重要な要素となる議論として展開されたものであった。

ルソーによれば、サン・ピエールの永久平和論の根本的な欠陥は、人民のではなく、君主の理性に期待し、実現可能であると考えた点にあった。しかも、その前提自体が誤っている。なぜなら、君主は国外に支配力を拡大し、国内においては自らの権力を絶対化することにしか関心を抱いていない。君主は自己の地位保全と権力拡大のために、平和よりも戦争に利益を見いだす存在なのである。そのため、君主制を前提にした構想によっては国家主権の利己的行動を避けることはできないし、君主同盟によっては諸国民への抑圧が強化される結果にしかなりえない。それはあくまでも君主たちの平和でしかない。その平和とはまた君主の権利と武力を強化することによって、国民に対する不平等を固定化する制度にほかならない。君主が戦争目的に「国民の繁栄」や「公の幸福」などをあえて掲げるのは、それが誰も自明のものと考えてはいないからである。そのことは、戦争が「国民の繁栄」や「公の幸福」をもたらさないことを逆証しているにすぎない。

それでは、君主という立場から平和を考えるのではなく、一人の人間という視点から平和という問題をみていくとすれば、どのように考えるべきなのであろうか。ルソーは、国家間で戦争が生じるのは、そもそも一部の人々とだけ結合して国家をつくったことにあると考える。つまり、ある人は、特定の国の国民となったことによって、それ以外の国の人々と利害を異にする状況に追い込まれるが、実は特定の国にだけ属さなければならない必然性はそもそもない。また、君主と違って国民には、領土の所属を争うことに利害関係もないはずである。国民は戦争によって得るものはないにもかかわらず、君主主権の国家では君主が正義や栄光を掲げて「賭け」やゲームのように好きなときに戦争を始めるために、国民は運命を翻弄され生命を脅かされることになる。この矛盾を解決するためには、君主制の下で国境によって切り離され、敵対することを強いられている人々と連合して一つの法の下で生活することを選びとるしかないであろう。確かに君主制の下でも平和は可能かもしれない。だが、「人は牢獄のなかでも安らかに暮らせる。だからといって牢獄が快適だといえるだろうか」と反問するルソーにとって君主制による平和は無意味なのであった。

　こうしてルソーによれば、戦争に対抗するためには人民からなる一つの社会をつくらなければならなくなり、その社会はまずは人民主権に基づいて個人を結びつけた国家となる。そして、個々人を結びつけたのと同じ条件に従って、次には諸国家を「あらゆる人を等しく法の権威に服従させる国家連合形式(confédération)」として結びつけるしかない。要するに、人々が社会契約によって国家をつくり、自らの安全を共通の法に従うことによって守るのが人民主権論であったとすれば、国家連合とは同じ論理によって主権をもった国家が、小国も主権を損なわないままに国際契約によって一つの社会をつくりだそうとするものであった。

それはまた、君主による対外的な戦争と征服が、対内的な専制政治を強めてきた歴史から人々が解放され、法によって平和と自由を獲得することでもある。戦争によって犠牲を強いられるのが君主ではなく、個々の人々である以上、その人々が主権者として理性的な判断をするかぎり戦争は避けられるはずであった。もちろん、祖国愛や愛国心などに動かされた人々の間の戦争は、その感情をもつ人々の狂信性を自ら知っているために、相手もまたそうした人々であることに恐怖感をもち、利害だけで戦う君主国間の戦争よりもさらにいっそう残酷になりうる。しかし、自由な主権者は戦争で相手を屈服させることを望まないはずである。それは、「他人の自由を奪おうとする者は誰でも、ほとんど常に、結局自己の自由を失ってしまう」ことを知っているからである。

このように国際平和を実現するためには、国内において人民が自らの意思に従って国家意思を決定しうるように、国家連合においても構成国の人々による決定権が確立されなければならないとルソーは主張した。ただ、ルソーにおいては、形成された国家連合において大国と小国がそれぞれの主権と力とを調和させ、さらに主権を損なうことなしに連合による権利と福利をいかに拡張していくかについての具体的構想は示されなかった。というよりも、ルソーにとっては国家の理想的形態は人民の主権的意思がそのままに反映される直接民主主義が可能な小国であり、その小国家とそもそも直接民主主義が不可能な大国とが連合した国家連合において、直接民主主義が可能となるとは考えにくかったのである。

とはいえ、君主制が専制政治を強化するために常に戦争を必要としている以上、ルソーにとって君主制を倒して共和制を確立することは、国際平和のためには不可欠の課題でもあった。そして、君主がその国家における主権を進んで人々に移譲することなどありえないとすれば、人々が主権者となって自らの意思に従って国家連合を進めるためには、革命が必要となる。ルソーはこうして『永久平和案批判』において「幾多の革命以外の方法では、国家連合が樹立されることは、けっしてない」と結論づけることになる。そして革命もまた一種の戦争であることに違いはない。そうであるとすれば、革命という戦争が国家連合という不滅の平和を準備するにせよ、永久平和のために戦争を必要とするという背理に直面することになる。さらにまた、革命という戦争によってしか形成されない国民国家が、一つの連合として結びつくためには専制的な国家との間での戦争が必要となるかもしれない。

そのように国家連合というものが「人間性に対する暴力的で恐ろしいさまざまな手段による以外に実現されえないものであるとしたら、それが望ましいものであるか、それとも恐るべきものであるのか、われわれのうち誰が断言できるだろうか」と躊躇せざるをえなかったのである。ルソーが直面したのは、平和のための国際的な結びつきが、どのような形式を採るにせよ、平和を維持していくためには構成国を強制する契機が不可欠であるという問題であった。そして、その問題こそ国際連盟や国際連合において、国家主権の絶対性が否定され、国際機構に主権行使の一部を譲与せざるをえないという問題につながってくるのである。現にEU（欧州連合）では、そうした主権の共有化が進んでいるし、東アジア共同体の形成においても同様な問題に必ず直面せざるをえなくなるであろう。

ルソーはこうして国家連合による平和の達成という課題のなかで生まれた「主権を損なうことなしに、いかなる程度にまで連合による権利を拡張することができるのか」という問題に具体的解答を示すことができなかった。しかし、国家間の紛議が戦争を引き起こす以上、国家連合による永久平和の実現という方法が一つの解決策であることは間違いない。問題は、国家主権ないし国民主権を尊重することと、それに何らかの制限を加えることなしに国家間の戦争を防ぐことができないという背理をいかに解決できるのか、ということであった。その難問に哲学的体系性をもって答えようとしたのが、カントであった。

### カント『永久平和のために』

サン・ピエールの「永久平和」という提言が出されたとき、人々はそれが墓地の入り口に彫られる「とこしえの平安《パクス・ペルペトゥア》」*という銘文を想起させると嘲笑したといわれる。それは「死においてのみ人は戦いを止《や》める」ものであり、人類は存在するかぎり戦争が絶えることなどありえないというシニシズムが人々を捉えていたことを示すものであったからに違いない。

七一歳に達していたカント（I. Kant 一七二四－一八〇四年）が『永久平和のために』（一七九五年）を著すにあたって思い浮かべたのもそうした冷笑であったのであろう。カントはその著作を「永久平和のために」という字句がオランダの旅館の看板に記され、その上に墓地が描かれていたことを風刺するこ

＊サン・ピエールは永久平和を paix perpétuelle と表現したが、そこから多くの人が「永眠」を意味する Pax perpetua を連想したといわれる。なお、カントは、サン・ピエールを意識し、自著の仏訳を *Pour la paix perpétuelle* とした。

とから書きだしている。それは多くの人が永久平和を単なる空想にすぎないと考えることを予想したうえで、永久平和が実現可能であり論証しうるという確信の逆説的な表現でもあった。カントもサン・ピエールやルソーの永久平和論を批判したが、それは永久平和があまりに近い将来に実現可能であるように論じたことに対するものであって、主権国家が戦争合違無差別論という「野蛮な自由」を捨てて、法に則った国家のつながりによって平和を達成すべきであるという主張には強い共感を示していた。

カントはサン・ピエールを「理性の空想家」と呼びながらも、その平和構想を展開するにあたっては、予備条項と確定条項を分けて一種の平和条約形式による提案をおこなうなど、叙述方法に関しても影響を受けていた。また、ルソーの著作に対しては終生敬意を抱き続け、精神界のニュートンになぞらえていたといわれる。それだけにまた、永久平和構想を机上の空論と蔑視している人々に、夢想と斥けられないだけの論理的確実さをもって、実現化の道筋を体系的に示すことに心を砕いたのである。

カントにとって人間が他者とともに生活しているということは、たとえ現に戦闘状態が発生していなくとも絶えず戦争が起こりかねない危機感に脅かされているという意味で戦争状態であった。だからこそ、平和はあるのではなく、法的状態としてつくりだすべきものであり、そこに至るためには前提条件としての予備条項六項と、実現するための確定条項三項を守ることが必要となることを説いたのである。

予備条項では、永久平和の阻害要因となっているとして、再戦を意図した悪意ある平和条約締結の禁止、対外紛争処理のための戦争国債の禁止、武力による他国の政治体制への干渉禁止など、六項目をあげている。

## 常備軍全廃に向けて

そのなかでも重要なのは、「常備軍は、時とともに全廃されなければならない」という要請であった。すでに指摘したように戦争合違無差別論が支配的であった当時の主権国家体系の世界においては、いつ、いかなる理由であれ、国家は主権の発動として戦争を開始する権限と自由があるとみなされており、常備軍*を備えた主権国家は、常に戦争に入ることができた。常備軍はいつでも武装し出撃する準備を整えていることによって、日常的に他の諸国を、絶えず戦争の脅威にさらすことになり、それは脅威を受けた国に対して軍備拡張を強いるものでもあった。こうして常備軍が刺激となって、相互に軍備の優越性を求める軍拡競争が起こると、軍事的財政負担は増大し、平和を維持するほうが短期の戦争よりもいっそう重荷となり、この重荷から逃れるために戦争が起こされることになる。

常備軍という存在そのものが必ず際限のない軍備拡張につながり、戦争を生み出すというカントの指摘は、多くの歴史的な事実に適合し、その事実に鑑みて軍備撤廃を選択した日本国憲法の平和主義における第一の基軸である戦争放棄・軍備撤廃と思想的に直結している。

*カントのいう常備軍が傭兵制と徴兵制のいずれをさすのかは議論が分かれる。しかし、プロイセンではすでに一七三二年以降、徴兵制を採用しており、カントの時代は移行期であったといえよう。いずれにせよ、ここでの焦点は常備軍の対外的脅威という問題、そしていかなる徴集形態であれ常備軍の兵士個人の「道具的使用」という問題に置かれていることが重要である。

常備軍はそのように対外戦争を引き起こすだけでなく、さらに重要な倫理問題を国内において生む。なぜなら、常備軍に徴用・雇用されることによって、人は殺したり殺されたりするための道具として国家によって使用されることになるからである。人間を殺人という目的のための手段として使用するのが常備軍の本質である以上、それは、「われわれ自身の人格における人間性の権利と一致させることができない」。つまり、人はその生存の意義を自ら決定する権利をそれ自体として尊重されるべきであって、人はほかの誰の道具としても扱われてはならない、という命題に最も反するものが常備軍であるとカントは考えていたのである。

このことは志願制を採る軍隊にはあてはまらないと思われるかもしれない。しかし、もしその軍隊が自衛戦争という形で戦闘状態に入ったとき、兵士以外の国民は自分が直接に手を下さない代わりに、兵士に殺傷や命を捧げることを強いることになり、それによって人間としての尊厳や平和的生存権などの権利を剝奪することになる。この矛盾を解消するには、戦争自体を放棄するか、万一、侵略された場合には国民全員が戦闘員になるしかない。すべての人を道具としてではなく、その存在自体を目的として尊重しなければならない、というカントの立場に即すとき、同胞の人間としての尊厳をどう考えるのか。はたして志願兵や傭兵は、職業選択の自由としてそれを選んだがゆえに、人を殺傷する道具として使用されても当然であるのか。こうした問いを突き詰めるとき、憲法9条における戦争放棄・戦力不保持の意味は、いっそう明白になるはずである。

もちろん、カントは国家主体の常備軍を全廃することを勧める一方で、「もっとも、国家市民が自分や祖国を外部からの攻撃に対して備えるために、自発的に武器をとって定期的に繰り返す軍事演習は、これとはまったく異なる」として国民主体の自衛訓練に関しては、あくまでその「自発的」な限りで否定してはいなかった。ただ、重要なことはその自衛訓練の目的が国防に限らず、「自分」を国内における暴力や攻撃から守ることも否定されていなかった点であり、それは「国家に対する武装の権利」をも含むものでもあった。カント自身は、武力による国家への抵抗権を必ずしも肯定してはいなかったが、ドイツをはじめ日本などの徴兵制が国民の「武装の権利」を否定したうえで兵役義務を強制し、それによって国家だけが武力を独占するという方向に向かっていったことを省みれば、カントの議論には「武装の権利」とは誰が、どのようにもつべきかを考え直す契機が含まれていたといえるであろう。

カントはさらに予備条項の第六において、たとえしばらくの間、戦争の結果でしか正・不正が決まらないとしても、交戦国が将来の平和時における信頼関係を損なうような暗殺や毒殺、敵国内での暴動の扇動などを禁止することを提案する。そして、「国家の間には、いかなる懲罰戦争も考えられない」として制裁戦争を否定していた。なぜなら、主権として対等な国家の間には、いかに現実に国力に差があるとしても、そこに支配と服従の関係は存在しないはずであり、どの国家にも他の国家を制裁する権利など与えられてはいないからである。こうしてカントにおいては、常備軍も廃絶され、最終的には自衛戦争であれ制裁戦争であれ、あらゆる戦争が否定されることになる。カントにおいては、常備軍全廃が戦争廃止と一体となるのは、論理的な必然性をもっていたのである。

## カントの構想する諸国家連合

それでは、世界はどのようにして法的状態としての永久平和を実現していくことができるのであろうか。カントはそのために必ずかかわってくる問題として、①国家内における法的状態、②諸国家間の法的関係、③個人と世界とを結びつける世界市民法の問題、という三つの条項をあげている。これは空間的に平和を広げていくための条件であるが、三つの条項を貫徹している基軸となっているのが、確定条項第一の「各国家における市民的体制は共和的でなければならない」というものである。共和的であるとは、自由で平等な政治的権利をもった国民が、代議制と三権分立という法制度を通じて自らの意思によって、内政のみならず外交においても共和的決定をおこなう体制*を意味している。

当然、その決定の結果は共同責任として国民全部にはね返ってくることになる。実際には、例えば開戦を決定するのが少数の政治指導者であるとしても、こうした共同決定が実質化されたとき、初めて国民全体が自らの運命を自らの意思として決断することとなり、開戦か否かの自主的選択が可能となる。もちろん、国民自身が戦争を選択することもあるかもしれない。しかし、情報がすべて開示され、国民の討議が十分に尽くされるとき、その災厄を引き受けなければならない国民が戦争という手段に訴えることはないはずであった。つまり、カントにとって共和的な体制が重要であったのは、それが国民の意思を無視した戦争を制止するためであった。それはまさしく「政府の行為によつて再び戦争の惨禍が起ることのないやうに、主権者を国民とした日本国憲法における平和主義の基軸と通じるものである。

ルソーも平和の前提条件として国民が主権をもつことの重要性を強調していたが、カントは民主主義体制においても現れる専制を拒絶し、主権が実態としていかに行使されるのかが、国内のみならず国際社会を律する法を樹立していくためにも核心となるとみていたのである。

こうして「その本質上、侵略戦争を避けうるようにつくられた国民の体制」としての共和的な市民的体制のあり方が、国家間の関係においても適用されることになり、ここに「国際法は、自由な諸国家の連合制度に基礎を置くべきである」という第二の確定条項が導かれることになる。

ここでの諸国家の連合制度は、一つの統合された世界国家とは異なる。確かに、将来的には一つの世界共和国となることが積極的理念として推奨されるとしても、現実には異なった国家の諸民族がある。その国力の差異を残したまま、一つの強力な国家が世界を統合していくとすれば支配と服従の関係が生まれることになり、それは共和的でも自由でもない。もちろん、あらゆる国家が共和的で自由な世界共和国（Weltrepublik）をつくりだすという積極的理念に向けて人類は進むべきであり、そこにおいてこそ人類のすべての人が共和的で自由な世界市民となるはずであり、永久平和が達成されるであろうとカントも想定する。しかし、そこに至るためには、まずは戦争がけっして利益にはならないという現実的な

＊「共和的 republikanisch」とは、カントによれば民主主義制と同じではない。なぜなら、制度としての民主主義においては、多数者による専制がしばしば現れ、そこではほかの人の自由な意思決定が抑圧される「必然性」をもつからである。だからこそ「共和的」とは、多数者は自らが少数者になりうることを想定し、少数者の意思をより多く反映することで実質的に「平等」な意思決定をおこなう責務を負うことになる。同時にそこでは立法権と執行権が厳密に区別され、相互に規制しあう制度を採ることによって専制を抑制すべきことが要請されていた。

認識から出発しながら、お互いが自由を保障しあう平和連合（Friedensbund）を持続的に拡大することによって、好戦的な国家や人々を少なくしながら「諸国家の連合制度」に行き着くしかない。

もちろん、一つの諸国家連合においても、国内における個人と同じく共和的な同一性による連合が必須の要件となる。しかし、現実に国家は個人間に存在する以上に大きな差異をもって存在しているだけでなく、戦争によってどれほどでも肥大化していく可能性をもっている。そうであるからこそ、さらなる国家拡大の手段となる戦争を防止するために、まずは平和連合をつくり、諸国家が国際法に従うことが必須課題となるのである。*

この平和国家連合は「すべての戦争が永久に終結するのをめざす」目的のために結成されるが、いかなる国家も加盟を強制されるわけではなく、脱退も自由でなければならない。それが認められなければ自由で平等な意思を尊重する共和的なものにはならないからである。平和国家連合は戦争を防止するという唯一の目的に沿った意思の合意によって、諸国家の自由を尊重した法的状態となる。

しかし、そうした強制力のない平和国家連合をどのように広げていくことができるのだろうか。カントは、その先導者としての役割を本性上、必然的に平和を好む共和的な国家をつくりあげた「ある強力で啓蒙された民族」に期待する。この「ある強力で啓蒙された民族」による国家は自らの達成した成果によってほかの諸国家の模範となり、それら諸国家の自由な結合としての法的状態が国際法として普及していくことになる、とみるのである。

このカントが想定した平和国家連合と国際法の形成との関連という問題を、国際協調という平和主義の基軸が日本国民に求めている事態と引き比べてみることもまったく不可能ではないであろう。なぜなら、平和主義の基軸としての国際協調が要請しているのは、ただほかの国家に受動的に同調するというのではなく、国民主権によって共和的な国家をつくりえた「強力で啓蒙された民族」として「諸人民」に働きかける役割をさしているとも考えられるからである（↓22頁）。

その当否はともあれ、カントのいう国際法は確かに諸国家連合に基礎を置いている。しかし、その国際法を実質的に構成しているのは、国家間の条約などではなく、諸国民相互間の契約である。カントは「（理性は）紛争解決の手段としての戦争を断固として禁止し、これに対して平和の状態を直接の義務とするが、この平和状態は諸国民相互の契約なくしては樹立されえず、また保障されることもできないのである」と記したが、ここにも憲法9条の「国際紛争を解決する手段として」あらゆる戦争と武力行使を放棄し、「諸国民の公正と信義に信頼」した憲法前文の国際協調の理念との相似性を読み取ることができるはずである。

＊カントの国家連合による平和の確保と「自由な諸国家の連合制度に基礎を置く」国際法の制定という方式は、国際連盟や国際連合の思想的先駆をなすものである。しかし、拒否権をもつ安全保障理事会常任理事国が存在する国際連合方式は、カントが批判した連合内における優劣関係を内包したものにほかならず、共和的な同一性を組織原理としているわけではないことにも注意しなければならない。

## カントのめざした世界市民法と国際協調

このように国際法の担い手を諸人民と設定したとき、「世界市民法は、普遍的な友好をもたらす諸条件に制限されなければならない」という第三の確定条項が出てくることは、当然であった。法的状態としての平和は、国内法から国際法へ、そして世界市民法へと空間的に広がっているが、しかし、その視点はあくまで個人の自由と平等を基礎に置いた共和的なものを一貫させることに置かれている。これもまた平和的生存権という個人の権利に着目することから始めながらも、それを「全世界の国民が、ひとしく恐怖と欠乏から免かれ、平和のうちに生存する権利」と規定した日本国憲法前文の論理構成を想起させるものである。

もちろん、世界市民とはいっても、抽象的な世界主義者《コスモポリタン》が問題となるわけではない。その世界市民とは、あくまで地球上に住むすべての人をさし、世界市民法とはその人々が平和に交際するための法と権利を意味していた。カントによれば人間は誰一人として地上のある場所にいることについて他人より多くの権利を有しているわけではなく、地表を共同に所有する権利は人類に共通に属し、人々にはそこを訪問し礼儀をもって交際しあう権利がある。こうした「普遍的な友好」をもたらす諸条件を妨げているのが、「文明諸国家の法」としての当時の国際法であり、その文明法によって植民地の人々を虐殺し、その地の物産を掠奪するための戦争が正当化されているのである。このような植民地戦争が、けっして文明国の利益にはならず、植民地をもつことでヨーロッパでの戦争を促していることを自覚し、植民地を解放することで現地の人々とも友好に交際できる条件が整うのである。

こうした植民地領有が戦争を引き起こすだけでなく、人間としての平等で友好な交際を阻害するという事態は、ヨーロッパのみならず、日本もまた歴史的に体験したはずのものであった。しかし、大日本帝国憲法時代の日本においても、また日本国憲法の下においても、日本では国籍条項[*]によって旧植民地の人々に同等の権利が保障されたことはなかった。何よりも、カントの世界市民法における「地表を共同に所有する権利」などが尊重されていたなら、「在日」といった言葉が日本国憲法下で六〇年も生き続けることはなかったであろう。

ともあれ、カントの世界市民法は、このように植民地主義を厳しく断罪する現実批判によって獲得されたものであり、遠く離れた諸大陸の人々が平和な関係を取り結び、人類を共和的なものとしての世界市民体制に次第に近づけていくことをめざしたものであった。それはまた、各個人そして各国家が相互に交流し影響しあうことを通じて、一つの普遍的な人類社会の公民としての地位が確立されたときに初めて永久平和が達成されることを意味するものであった。

このようにカントの永久平和論は、「死においてのみ人は戦いを止める」というのが人間の自然状態

*朝鮮・台湾などの旧植民地出身者は、当初、GHQ指令により「解放民族」として日本国民と同等の権利保障が与えられるとされていた。しかし、一九四五年一二月の公職選挙法改正によって帝国憲法下で認められていた参政権も停止された。さらにGHQ憲法草案にあった「外国人は、法の平等な保護を受ける」という条文が削除され、憲法上の権利保障が認められるのは日本国籍保有の者に限るという解釈が生まれたため、その保障から除外されることとなった。また、19頁でも触れたように、GHQ草案にあったpeopleが、ほとんど「国民」と訳されたことも問題を生んだ。

であるとしても、それを変えうるのは人間の法的状態でしかなく、社会における人間の権利状態を変えていく不断の努力がなければ平和をうち立てられないという現実への働きかけを前提としたものであった。それは人間の本性と社会の構成とを見据え、それを変えていくという真のリアリズムに裏打ちされたものであり、ただそこに在るものが現実的であり、それに合わせていくべきだという「体制順応主義としての現実主義」とは最も遠く離れた地点に立つものであった。

　そうした視点からカントは平和を単に戦争がない状況としてではなく、戦争そのものが不可能となるような法的状態をつくりだしていく過程はいかにあるべきかを構想した。それが市民としての自由と平等と法の支配が保障された共和的な国家の形成を前提条件とし、次いでその共和的な国家の諸国民が連合して取り決める国際法によって平和を確保し、さらに諸国家連合に加われない人々をも包括する世界市民法による永久平和を達成しようとするものであった。常備軍の廃止からはじまって、このように個人の自由と平等と法の支配という状態を保持させながら、それを国家から国際社会、そして地球市民へと共和的な原理を空間的に拡大しつつ、同時に世界のあらゆる人々の権利を保障しようとしたカントの思考方法は、憲法9条における平和主義の基軸である戦争放棄・軍備撤廃、国民主権、国際協調、平和的生存権、非戦とのつながりを考えるにあたって貴重な思想源流としての意義をもっていることは、もはや疑いないはずである。

　しかしながら、カントの永久平和論については夢想にすぎないと受け止めた人のほうが多かったに違いないし、同じような嘲りの眼差しが憲法9条にも向けられてきたことも否定できない。しかしながら、カントもまたその永久平和がすぐに実現するとは考えていなかった。平和とは人類が存続するかぎり永遠に「課せられた課題なのであって、与えられるものではない」というのがカントにおける平和追求の意味であったからである。他方、カントに限らず、永久平和論といえばすぐに道徳的な要請であり、精神論的お題目にすぎないと切り捨てられてきた。だが、これまでみてきたように、少なくともカントの永久平和論においては、人類が総体としていかなる世界を目標にするかをまず問い、そのうえで人間の利己的動機を肯定しながら、法や機構によって戦争を廃絶していこうとする現実性を志向するものであった。法的な規制は道徳的義務とは異なり、例えば商業取引などにみられるように自分の利益を拡大するためには相手の利己的動機を認め、契約や商習慣という法の制約に従うことで相互の利益を高めることができる。それと同じく、国家が利己的動機で動くということは必ずしも永久平和が不可能であることを意味しないはずである。いやむしろ、国家や個人が利己的動機でしか行動しないとすればなおさらに、利己的動機は法や国際機構によって永久平和を促すことにも作用するに違いないとして、カントは法による平和の可能性を追求していったのである。

このように永久平和論とりわけ国際法や国際機構による戦争廃絶という思想は、単に夢想を語っただけのものではなかった。もちろん現在は、サン・ピエールやルソーやカントが生きた時代とは、人々を取り巻く国際環境は大きく異なっている。しかしながら、二世紀という時間を越えて、私たちが平和とはいかなる状態であり、それをいかにして実現していったらいいのかを根本的に考えていこうとする際に、カントなどの平和論が引照基準として汲めども尽きぬ思想源流としての意義をもち、現在につながっていることは明らかではないだろうか。

そして、近代日本においても戦争と平和という思想課題に直面したとき、サン・ピエールやルソーやカントらの思想に立ち帰りながら問題が繰り返し考えられてきたという事実がある。そのことは、次章以下で明らかになるはずである。

また、サン・ピエールやカントらに論及しなくとも、永久平和を考えるにあたっては、そもそも国家や国民と戦争や武力というものの関係をいかに考えるのか、という点で等質の課題に日本でも直面せざるをえなかった。

さらにまた、世界平和を考えていくためには、当時の世界情勢・国際関係をいかに認識するのかということが前提となり、同時に日本という国家がいかにあるべきなのか、さらに隣接するアジアとどのような関係に立つべきなのか、という問題が密接に絡んでいた。それらの課題に一人の個人がすべて答えを出すことはできなかったにしろ、そこには現在の私たちにも無縁ではない問題がひそんでいたはずである。もちろん、世界情勢も時代状況も異なる以上、まったく同じではありえないにしろ、等質の問題に直面していた人々が出した答えのなかには私たちが考えるための糧となるものがありはしないだろうか。次章では幕末から明治前期の思想のなかで憲法9条につながってくる思想水源を探ってみたい。

# 第3章

# 幕末・明治前期における憲法9条の思想水源

## 日本の思想水源を尋ねて

反戦や非戦を唱える思想は、西欧世界だけでなく、相次ぐ戦乱のなかでその惨禍を直視するところでは必ず現れてきた。中国古代においても、「民を貧しくし、財を傷《やぶ》るは、兵より大なるはなし」（『管子』）、「兵は凶器なり、争いは事の末なり」（『国語』）、「兵は凶器なり、争いは危事なり」（『漢書』）、「戦いは逆徳なり」（『史記』）などの思想が生み出されていた。これらの言葉に示された、武器や兵などの軍備が人の運命を損なうものであり、武力によって他者を圧倒し自らの意思に従わせようとする考え方そのものが、道や徳に背く行為であるとの思想は日本でも共鳴をもって受け入れられてきている。また、「兵は不祥の器なり、君子の器にあらざるなり」という老子の指摘は、非戦思想で知られるロシアの文豪トルストイにも深い感銘を与えたといわれている。

しかし、『管子』にまた「兵の当《まさ》に廃すべくして廃せざるは、古今の惑《まどい》なり」という言葉があるように、軍備は人を不幸にする不吉な装備であると誰もが認識しながら、軍備廃止が容易におこなわれてこなかったことも事実である。とりわけ、武士による支配が続いた江戸時代において、兵を廃することは自己否定につながるものであっただけに、軍備廃止が政権にとって正統思想とはなりえなかった。しかし、「武」が支配した時代であっても、武力による支配ではなく、「文」による支配が統治の正統性を保障するとして「徳治」や「仁政」が標榜《ひょうぼう》されたことも事実であった。

そして、開国と列強との対峙という事態に直面することになった幕末から明治初期にかけては、緊迫した国家間関係を規律する国際法としての「万国公法」を儒教による「万国公道」思想の枠組みから捉え、それによって世界平和を構想する議論が現れてくることになった。

## 1　横井小楠の戦争廃止論

### 「世界の世話やき」としての国際協調

欧米によって開国を迫られた幕末においては、神国観に基づいて、開国を求める諸国を「夷《えびす》」すなわち文明を知らない野蛮国として、武力によって排撃すべきだとする攘夷思想が盛んに唱えられていた。そうした思潮のなかにあって中国で刊行された魏源《ぎげん》の『海国図志』や中国に滞在していた西洋人宣教師による漢訳著作物などを通じて国際情勢を的確に捉えていた横井小楠《しょうなん》（一八〇九－六九年）は、国際紛争を武力によってではなく、法や道義に基づいて解決し、軍備を廃止することを主張した。

小楠は一八六二年に政治総裁職となった越前福井藩主・松平慶永《まつだいらよしなが》の政治顧問として時局問題に対処した肥後熊本藩の儒学者であったが、西洋政治に模範とするものがあれば積極的に摂取し、国内政治から国際政治におよぶ仁政の実現をめざす発論によって異彩を放つ政論家であった。勝海舟は『氷川清話』において「俺は今までに天下で恐ろしい者を二人見た。それは横井小楠と西郷南洲〔隆盛〕とだ」「その〔小楠の〕思想の高調子なことは、俺などはとても梯子《はしご》をかけても及ばぬと思ったことがしばしばあったよ」と小楠の思想を評していたが、当時にあっては人の意表をつくような、時代に先駆けた議論を展開していった。明治新政府に参与として登用された際には、政治の要諦として「戦争の惨憺《さんたん》、万民の疲弊、これを思いまた思い、さらに見聞に求めれば自然に良心を発すべし」(「中興立志七条」一八六八年)と切言したが、これは近代日本の劈頭《へきとう》において発せられた非戦論としての意義をもつものであった。

その非戦論に基づく外交政策論の核心は、世界が列強の自己中心的な拡張主義によって危機的状況にあると観察をしたうえで、日本が採るべき外交政策の基本は、あくまで国家の私的利害を越えた普遍的な条理である「天地の大道」に従って、諸国を説得して万国が共存できる「安全の道」を示すのが日本に課せられた使命である、というものであった。そのためには、まず日本自らが偏狭な利己心を離れて「天地の大道」に帰って仁政を誠実に実践することが不可欠であり、日本の選択肢として「強国になるのではない。強あれば必ず弱がある。この道を明らかにして世界の世話やきにならなければならない。一発で一万も二万も戦死するというような事は必ず止めさせなければならない。そこで我日本は印度になるか、世界第一等の仁義の国になるか、頓《とん》とこの二筋のうち、この他にはさらに無い」(村田氏寿「横井氏説話」一八五八年）と、あたかも大量破壊兵器を予期したかのごとくに非戦を説いたのである。

小楠によれば、日本がインドのように植民地にならないためには、軍事的な強国になるのではなく、「世界第一等の仁義の国」になるしかない。もちろん、植民地にならないためには西洋文明を採り入れて国を富まし、兵を強くすることも必要となるかもしれないが、それはあくまでも儒教道徳の普遍性に従って人民の生活を豊かにすることによって、人と人、国と国とが侵しあうことのない「仁風」を実現するためであり、それによってイギリス、ロシアなども強制することなく「仁風」に同調するようになり、ついには平和共存の世界をつくりだすことができるはずである。

小楠は世界のすべての人間は人種・民族・国籍を問わず、友人・仲間のように愛しあうべきであるという四海同朋主義《しかいどうほう》を説いたが、それは世界の人々が平等であることを前提にして、あらゆる人々が生活における安穏と福祉を等しく享受する世界をめざすというものであった。その平和観は儒教的な仁の概念によって説明され、何よりも政治が倫理的理想を達成する手段としてあるという考え方に基づいているために、現代人にはなじみにくい発想であるかもしれない。しかし、その国際協調の下で世界の人々が享受する平和の内実は、カントが世界市民法において論じていたことがらや憲法9条の平和的生存権論そして「人間の安全保障」論にも通じる視点をはらんでいたともいえるのではなかろうか。

小楠が当時の世界にあって儒教がめざす「仁風」に近い政治をおこなっている国家として、関心を抱いていたのはアメリカであった。それは初代大統領ワシントン以来、アメリカが第一に「天地間の惨毒のうち殺戮以上のものはないため、天意に則って宇内《うだい》〔＝世界〕の戦争をやめること」に努め、第二に

「知識を世界万国から取って政治や教育を補い助けること」に務め、第三に「大統領の持つ権力を賢明なる人物に譲って子どもに伝えず、君臣による秩序を廃してひたすら公共和平の政治を実現すること」（「国是三論」一八六〇年）に励んできたことを重視したからである。

小楠がワシントンを高く評価したのは独立戦争としての対英戦争を終結させたことにあったが、儒学者であった小楠にとっては、統治者は民を豊かにするために優れた知識を国境を越えて採り入れることが不可欠であり、それによって「私」を越えた「公共和平の政治」すなわち公平で平和な社会が実現されるはずであった。そうした統治者の地位は血統によって継承されるのではなく、中国古代の堯《ぎょう》・舜《しゅん》・禹《う》の三代の治世のように賢明で有徳な人が就くべきであり、それがアメリカの大統領制に実現されていると考えたのである。これは翻って江戸幕府が「徳川御一家の便利私営」のためのものであったことを批判するものであり、この主張は明治時代になると血統による天皇制を批判し、共和制をめざすものと受け取られて小楠が暗殺される原因の一つともなったのである。

このように小楠の戦争廃止論は、具体的な法や機構によってではなく、あくまでも儒教思想に基づいて統治者が戦争の惨害を繰り返し思い起こす「心徳」によって戦争を避け、仁義による交際を各国に勧めることを求めるものであった。しかし、大量殺戮をもたらす戦争の廃止を、日本が「世界の世話やき」になって率先して進めていくためにも、世界の優れたものを採り入れて国民生活を拡充し、国内平和をまず確立すべきと説いた点で、国際協調という基軸による平和論の先蹤《せんしょう》であったことは間違いない。

また、小楠の教えを受けた由利公正が五ヶ条の誓文の草案において、「知識を世界に求め、広く皇基を振起すべし」「貢士期限を以て、賢才に譲るべし」「万機公論に決し、私に論ずるなかれ」という条項を記したことは、小楠「国是三論」の思想を受け継ぐものでもあった。他方、小楠は富国と強兵を奨励したが、それはあくまで日本が世界に平和を呼びかけるための前提としてであって、それ自体が目標ではなかった。そのことはアメリカに留学する二人の甥に贈った「堯舜孔子の道を明らかにし、西洋器械の術を尽す。なんぞ富国に止《とど》まらん、なんぞ強兵に止まらん。大義を四海に布《し》かんのみ」という辞に明らかである。しかし、明治国家においては、「富国強兵」、それも「強兵のための富国」だけに国家目標が収斂していき、「強兵」は実現されてもそれが国民の豊かさにつながることはなかった。

小楠はまた弟子の元田永孚《ながざね》に対し、「吾《われ》まさに使命を奉じ、先ず米国を説き、一和協同して、然《しか》る後に各国を説き、遂に四海の戦争を止めん」（横井時雄編『小楠遺稿』跋文）と語り、「いま各国戦争の惨憺《さんたん》、実に生民の不幸これを聞くに忍びず。故に米国と協議して、もって戦争の害を除くべきなり」（元田『還暦之記』一八七一年）と訴えていた。憲法9条が要求しているのは、まさにこうした「世界の世話やき」として平和構築を進める積極的姿勢ではないだろうか。

横井小楠

小野梓

中村正直

## 2　小野梓の世界大合衆政府論

### 植民地中国からの発想

横井小楠の議論は、国内にあって儒学の仁政の論理を世界に拡張する文脈で提起されたものであった。これに対し、アメリカやイギリスに留学したのち、法学者として『国憲汎論』などの浩瀚《こうかん》な著作を刊行するとともに、大隈重信の立憲改進党や東京専門学校（のち早稲田大学）の創設に参画、自らも東洋館（のち冨山房）を開いた小野梓《あずさ》（一八五二－一八八六年）が、自らの中国見聞を元にして唱えたのが世界大合衆政府論である。

小野は一八七〇年、上海など中国各地を歩いて列強進出の実態を目の当たりにし、交通の発達によって世界が緊密に交渉しあうようになった時代において強国が弱小国に対して侵奪を繰り返して戦争が絶えず、各地の人々が日々に生命を保つことさえできなくなっている現状を救うための方策として、「救民論」（一八七一年）を著した。

小野によれば、本来、人間は生まれながらに自主自由の権利を天から与えられて、それぞれの土地で相手の生活を侵すことなく生命を保ち、福禄を受けてきた。にもかかわらず、文明が進むとともに逆に強国が弱国を凌ぎ、大国が小国を侵すような世界が現れるに至り、植民地の人々は生命を保つことさえできなくなってきたとみる。これはカントがヨーロッパの植民地支配がもたらした弊害を世界市民法によって是正し、すべての人に同一の権利や自由を保障しようとした問題を、植民地支配を受ける側の視点から告発したものにほかならない。それは中国における植民地支配の現実を小野が観察したという以上に、日本もまたそうした事態に陥りかねないという切迫した危機感の表明でもあった。

世界の一体化は相互の交易や交流によってお互いを豊かにするのではなく、逆に大国であったはずのインドや中国を植民地化して生民を滅ぼしつつある。その危機が日本にも迫りつつあるとき、それを救済する方法として小野が提案したのが、世界の賢哲が集って「一大合衆政府」を樹立し、強国の不正義を懲らし弱国を救済することであった。その「一大合衆政府」には、各地の俊秀を集めた立法機関としての「大議事院」が設けられ、世界で施行される「公法」を確定するほか、世界の政務を論議することとされている。これによって善政を勧め、悪政を止めさせて、「生民」教育を振興すれば世界の人々がお互いの生活を向上させることができ、自主自由の権利を伸ばすことができるであろう。この合衆政府をつくるためには、各地の政府が利己的判断を捨てて世界公共の意向に従うしかない、というのが小野の提案であった。

ここに示された世界政府論は、世界連邦論というべき、今日の目からみれば、きわめて素朴な基本的人権論であり議会政治論であると評されるであろう。しかしながら、日本で議会政治論や天賦人権論などが本格的に議論となる口火をきった板垣退助や後藤象二郎などによる「民選議院設立建白書」の提出が、「救民論」執筆時より三年後のことであったという時代的制約の下において、そしてこのとき小野が一八歳であったという事実を考え合わせれば、その問題提起力をこそ評価すべきであろう。小野もまたこの構想を広く世界の人々に訴えるべく、上海で漢文によって執筆したのち、フランス文と英文に翻訳して欧字新聞に掲載することを試みたが果たさず、翌一八七二年にアメリカに留学した際、「How We Ought to be Governed? いかに支配されるべきか」のタイトルでシカゴとニューヨークの新聞に掲載したという。

当時の小野は、主権国家平等の原則を国際公法が保障しているものと信じていたため、強国も弱国も平等の権利で「一大合衆政府」をつくり、そこで決定された「公法」によって各国の政府が同一の権利を保障されることを求めていた。しかし、当時の日本はまだ不平等条約の下にあって主権国家として認められてはいなかった。そのため小野の構想は夢想にすぎなかったとして否定することは容易である。しかしながら、その当時であっても主権国家平等の原則を掲げながら、それを自己の都合によって曲げることが問題であり、むしろ原則を遵守することを欧米各国に要求し、あらゆる国家が同等同権の世界をつくっていくべきであったとの議論も成り立ちうる。そして、二一世紀の現在、少なくともこの原則を国際社会において否定することなどできなくなっているはずである。

もし、国際社会が弱肉強食の世界であり、主権国家平等の原則など適用されないのは当然であり、その現実を受け入れないのは夢想であるという「現実主義」だけが議論の俎上に上るのであれば、「現実」そのものも、けっして変わってはこなかったであろう。少なくとも日本においては、その国際法に従うことで対外進出が正当化されたにすぎなかった。それに対し、夢想であると嘲《あざけ》られ、蔑《さげす》まれた議論が「現実」の問題点を明らかにし、「現実」の立っている基盤がはらむ問題点を掘り出してきたのではなかったろうか。その意味では、これまで夢想として斥けられてきた思想にこそ、私たちが今後の世界を構想していくための思想的な沃野が伏在しているのかもしれないのであり、ただ「現実」に追従しただけの議論はその「現実」とともに消え去ってきたのである。

そして、小野と同じように当時、万国公法と呼ばれた国際法に、現実を是正し世界平和を生み出す契機を見いだそうとしたのが中村正直であった。

## 3　中村正直の世界平和論

### 合同・協和・友愛・公平としての平和

中村正直《まさなお》（一八三二―九一年）は、江戸幕府の昌平黌《しょうへいこう》で儒学を教え、イギリスに留学したのち、「明治の聖書《バイブル》」と称された『西国立志編』や『自由之理』*などの翻訳書によって自主独立の精神涵養や自由民権運動に多大な影響を与えたことで知られる。とりわけ、『西国立志編』は福沢諭吉『学問のすゝめ』、内田正雄『輿地誌略《よちしりやく》』とともに明治期の三大ベストセラーの一つとして読まれたが、その第一編の序文に中村の世界平和論が述べられていたことは注目される（その原文は漢文であるため、ここでは論旨を要約しておきたい)。
その序文によれば、国家が強いというのは人民が天道を篤く信じ人民に自主自由の権利が保障されているということであり、軍備を強化することではない。何よりも、国家とは人が集いあってできあがっている以上、人民の品行が正しければ風俗も美となり、一国として協和し、一体となることができるのであって、国を強くするという目的それ自体は無用である。品行が正しくないときにただ兵を強くすれば、必ずや戦いを好み、殺戮を楽しむような風俗になるであろう。また、強いということは弱いということの対称としていわれるが、そもそも人間が生を受けたということは人々が同じく安楽にして道徳を修めることに目的があり、お互いに強弱優劣の差異をつけさせるためではない。そうであるとすれば、地球上の万国が学問文芸をもって相交わり、利用厚生の道を相互に助け益しあい、ともに安康と福祉を享受すればいいだけであって、どうして強弱優劣などを比べる必要があるだろうか。人々は真実の心をもって善良のことをおこなえばいいのである。それを一人がおこない、一家がおこない、一国がおこなうことになれば世界で武器を用いる必要はなくなるはずである。古来、兵は凶器であり、戦いは危事というではないか。仁に敵はなく、一人の命は至貴至重で地球より重い。その人命をただ他者の土地をむさぼり取るために極惨極害の禍にさらす戦争政策は、天意や命を生んだ自然に背く罪を犯すものである。

*『西国立志編』(一八七〇−七一年)は、イギリスのスマイルズの『自助論』(Samuel Smiles, *Self Help*, 1859)の、『自由之理』(一八七二年)は同じくイギリスのミルの『自由論』(John Stuart Mill, *On Liberty*, 1859)の翻訳である。

西洋諸国では近年刑罰を大幅に緩和してきたが、なお未だ戦争全廃に至らないのは、教化が普及していないためである。世界に礼教が盛んになれば、軍備や刑罰が廃止される日が必ずあるはずだが、自分たちはまだこれをみないだけだ。

このような中村の戦争全廃、軍備廃止論の根拠になっているのは、平等に生を受けた世界のすべての個人が自ら修養を重ねて交流していけば、相互の福利を享受できるのであって、戦いによって殺しあうといった惨害にあえて身を委ねることなどありえないという、平和的生存権にも通じる考え方であった。この発想は個人の修養を重視し、それが次第に世界の秩序形成につながっていくことを想定する儒教の修身・斉家・治国・平天下という見方に沿ったものであった。そして、儒者でもありキリスト教徒でもあった中村にとって、平和とは単に生活の豊かさや安らかさだけを意味するのではなく、そのなかで徳性を磨き知性を向上させていく状態をもたらすものでなければならなかったのである。

しかしながら、このような見方とともに、中村は国際法の側から世界平和を追求することも考えていた。中村によれば「万国公法は、公の是非をもって私の是非を正すの具」(「万国公法蠡管序《れいかん》」一八七五年)として存在しているはずである。にもかかわらず、「万国公法は、欧米諸国ともにお互いに遵守し、各々平和を保ってはいるが、ただ恨むべきは諸国がいまだなお私戦を止める事について議論に及ぼうとしない」ことである。つまり、万国公法とは、強国が弱国を侵したりする不正義を正すために存在しているにもかかわらず、未だに利己的な動機による戦争が絶えることがなく、それを止めるための会議さえ開かれない。これは世界史からみても欠陥であり、今の段階においては一人の豪傑が出て私戦を止めることを提唱し、これに諸国の王が契約してみだりに戦火を交えないように規制し、もし契約に背いたならば国際法によってその罪を懲治させるようにすべきではないか、との提案をしている。これはのちに国際連盟や国際連合が採ることになる集団安全保障の方式につながるものであった。もちろん、中村もこの制裁を含む方式を最終目的とするのではなく、国際法が時の経過とともに精密さを加えて「完善具備し、もってわが地球の美楽、天国のごときに致す」ことが必要であり、そのためにこそ人類は努力する必要があると説いたのである。

中村はさらに小野と同じく世界連邦構想も唱えたが、それはアメリカの連邦制度と日本の廃藩置県・版籍奉還などの先例に学ぶものであった。

すなわち、一八七三年に書かれた『米利堅志序《メリケンし》』では、世界に永久に戦争が絶えないのは国家が分かれて相対立しているからであり、世界から国名もなくなり、すべての人々が一つの公法の下で安んじてその生命福利を享有し、相互に同郷人をみるかのようになれば、戦いを永久に止めてしまうであろう。それは何よりもアメリカの連邦制度の成果が実例であるし、日本においてもかつて藩に分かれて争いあっていた人々が一体となって活動している。こうした事例から推していえば、各国の元首が会議協同して、版籍奉還のようにそれぞれの土地と人民を一つの公法の下に提供し、ロシア・イギリス・フランス・ドイツなどの国名は一切廃止して一つの国会を立て、官吏となる人が元の出身国とは違う場所で働くようになれば、従来の怨念や猜疑心なども消え、合同・協和・友愛・公平の諸善がもたらされるはずであり、そのような日が一日も早く訪れることを切望する、と記していた。中村にとって世界平和とは

「合同・協和・友愛・公平」という状態が世界の人々に享有されたときに初めて実現するはずであった。

中村の議論も現在からみれば未だ夢想の域に属しているかもしれないが、例えば戦争を止めるための平和会議を開くべきだという主張は、日本では当時まだよく知られてはいなかったが、フランスの文学者ヴィクトル・ユゴーやイタリアのガリバルディなどが設立した平和・自由同盟（Ligue de la Paix et Liberté）による万国平和会がジュネーブで一八六七年から七六年に至るまで一三回開かれており、『米利堅志序』執筆から二六年後の一八九九年には第一回ハーグ平和会議として実現することになる。また、多数の国家が一つの公法の下に入って、自らの出身地を越えて官吏として働くこともEU（欧州連合）では部分的にせよ実現している。中村自身は世界連邦が実現するのは「尚数百年の後の事なり」と予測していたが、はたして中村の予想はあたるのであろうか。

その当否はともあれ、小野や中村の後にも世界政府などの設立による戦争廃止という議論が出されることになるが、なかでも西洋法政理論や各国の歴史などに基づいた世界憲法構想を出し、さらに現在の日本国憲法にも間接的にせよ影響を与えた憲法案を起草した植木枝盛の議論は注目に値するものであった。

## 4　植木枝盛の無上政法論

## 日本国憲法にも影響

板垣退助のブレーンとして国会期成同盟や自由党の創設を進め、自由民権運動を理論的にリードした植木枝盛《うえきえもり》（一八五七―九二年）は、国民の権利拡張を主張して明治政府の専制政治を批判するとともに、一貫して戦争廃止の道を探り続けた思想家でもあった。

その戦争放棄に向けた強い理論的志向は、一六歳のときに書いた「戦い天に対して大罪あること、雑《まじ》えたり、万国統一の会所なかるべからざること」という論策においてすでに提起されていた。それによれば「戦いは必ず天地の間の貴くかつ霊なる人命を損ずる」という意味で天に対する大罪であるとしてこれを否定したが、それは人道主義による戦争否定というにとどまらない。そもそも人間は相互に権利を尊重しあうために国家をつくったにもかかわらず、戦争はその国家間に起こる。しかしながら、自国といい他国といっても、それはただ人が勝手に境界線を引いたというだけであって、天が区別したわけでもない。つまりは国際法によってつくられたものにすぎない。にもかかわらず、その国家と国家との対立のために戦争が起き、人が命を捧げるのは不合理であり、万国をして一国のように処理する機関＝会所によって各国が相争い憎みあうことを防ぐ必要がある、というのである。この「万国統一の会所」という構想が、のちの「万国共議政府」につながっていくが、土地そのものが国家によって区分されていることを否定し、本来、人類の共有としてあるべきだという議論は、カントの「人類に共通に属している地表の権利」という概念を想起させるものである（↓82頁）。

枝盛はその後、戦争と国家の関係について考察を深めていくが、彼なりの世界史についての分析から得た結論は、対外戦争が多くの場合、政府が自らの地位を維持するための道具として使われる本質をもつということであった。つまり、政府とりわけ国家権力の対外拡張を優先する国権的政府は、国民の批判を避けるために種々の策略を用いるが、なかでも「外戦を事として内国人民のその本国の政に倦《う》むの思想を転ぜしめんとするがごとき、殊にその悪《にく》むべき」（『無天雑録』一八八三年三月二九日）ものである。

しかしながら、国民は往々にしてそれに籠絡されてきたとして、欺かれることのないようにと注意を促していたのである。ほとんどの対外戦争が内政の失敗や行き詰まりを転化する意図を含んでいたことは現在では常識に属するが、日本国憲法の前文が「政府の行為によつて再び戦争の惨禍が起ることのないやうにすること」を主権者たる国民に要請した意味も、またここにあったはずである。枝盛が訴えていたのも、世界において戦争が絶えないことと国権拡張をはかる政府が存続することの間には密接な連関がある以上、戦争を廃止し、世界が平和になるためには、国権的な政府を規制し国民の権利保護と主権の確立が不可欠であるということであった。

この国民権利の拡張要求は、国家とは何か、という国家観から導き出されるものであり、枝盛によれば、「国とは本《もと》と民の輳《あつ》まった者なれば、国の権を張るには先ず民の権を張らねば本間《ほんま》の国権は張り切れず、民の独立がなければ国の維持も出来難い」（『民権自由論』一八七九年）はずであった。国民の集合体が国家つまり「公共物としての国家」にほかならないとすれば、国家の独立も国家の発展も国民の権利確立なくしては不可能となる。

これは国家の富強が対外戦争によって達成されるという主張と真っ向から衝突するし、対外戦争を遂行するために国民の権利を制限するという政策とも対立する。そのため、国民が権利を要求して政府に異議申し立てをすることが国力を弱め外国からの干渉を招くという主張に対しては、国民が政府に盲従しないということは、「外国よりもまた禦《ぎょ》し難きの理勢にして、外国の侵奪・制馭《せいぎょ》・侮慢《ぶまん》・圧迫を受けざるものとなすべし」（「国政要訣」）と反論する。国民が政府に抵抗権をもつことこそ、他国からの干渉に対して最も強力な防御力となるというのである。ここから軍隊が国を強くするという当時の通念とは異なり、「小寇《しょうこう》においては兵なお頼むべし。大患に対するに至ては、全国民の結合力に頼らざるべからず」（『無天雑録』一八八〇年一月一九日）というように、国家を保持していくためには軍事力は有効ではなく、ただ国民全体の結合だけが外敵に対する最大の抵抗力になるという主張が出てくる。

それでは現に存在する軍隊にはいかなる存在理由があるのだろうか。枝盛によれば、兵は劇薬であり、使い方を間違えば計り知れない害悪をおよぼす。ナポレオン一世などの軍隊も圧制家の功名心の犠牲になっただけで建国の理念を守るためのものではなく、暴政を助ける器械となったにすぎなかった。こうした事例が絶えなかったために、イギリスなどでは「古来、常備兵と人民自由とは併立《へいりつ》すべからざる者となし、およそ政府の兵といえば即ち概して人民自由の讐敵《しゅうてき》たるがごとく思いなすなり」（「兵の本位を論ず」一八八四年五月）として、自由を重視する社会では常備軍が否定されてきたと指摘する。これは一六八九年のイギリスの「権利章典」が、平時における常備軍を古来からの権利である自由に反するとして否定していたことなどをさしている。

同様に、一七九一年のアメリカ憲法修正条項第二「人民の武装権」は、「規律ある民兵は、自由な国家の安全にとって必要であるから、人民が武器を保有しまた携帯する権利は、これを侵してはならない」としていたが、これも民主主義を守るために政府の武力独占を否定し、国民の自衛のための武装を権利として求めるものであった。枝盛もまた「殊に常備兵のごときは最も政府の器械となり易く、頗《すこぶ》るその専制を将《たす》け悪虐を遂げしむること多く、その弊害の大なること実に甚だしきものあり」(「兵の大旨は国憲を護衛するに在り」一八八一年二月)として、常備兵が整備されたことによって国民が政府の圧制から逃れたり、誤った政治を正すことがきわめて困難となってしまったことを批判していた。

枝盛は、こうした事例を踏まえながら、人民にとって有害無益な陸軍は廃止すべしとの提言をしている(「陸軍八百万円は果して費さざる可からざる乎」一八八一年九月など参照)。ただ、枝盛は海国である日本が外敵を防ぐには当面海軍が必要であるとして、その全廃は将来の課題としていた。そして、もし軍備が必要だとしても、それがいったい何を守るためのものであるのかが問われなければならないという。軍隊が他国の侵攻を防ぎ、国内の反乱を鎮定するためにあるとしても、それは国王や行政府や立法府の人々を守るためなのか。そうであるとすれば国王や行政府や立法府の人々が、国を守ると称して他国への出征や殺傷を命じた場合、これに服従するしかない。しかし、これらの出兵はほとんど国王や行政府や立法府の人々が「無名(正当な理由がない)」の軍を興し、無辜《むこ》(罪のない)の国を征し、恣《ほしいまま》に己が忌悪する所の人民を伐つ」(前出「兵の大旨は国憲を護衛するに在り」以下、同じ)というものであった。*

それに対し、枝盛にとって守るべきは、何よりも国民の集合体としての国家であり、その国家のあり方を決めた憲法＝国憲は、世論や為政者の政策が時勢に応じて変動するのに反して、一貫した方向性を示すものとして尊重されなければならない。要するに「憲法というものは国家のために最も重く、国家においてはその位最も高きものなれば、兵のこれを護ること固《まこと》に当然なるべし。これを衛ること固に兵の本分なるべし、兵の要務なるべし」というのである。これは立憲主義の基本原理とその下における軍隊のあり方についての正当な理解を示したものであった。枝盛はさらに、このことを法的に確実にするために、ヨーロッパの事例にならって、法によって「兵をして国憲を護衛することを誓わしむる」ことが自由を愛する国民が希望すべきことであると推奨していた。これは日本国憲法では、第99条「天皇又は摂政及び国務大臣、国会議員、裁判官その他の公務員は、この憲法を尊重し擁護する義務を負ふ」という規定に相当する。憲法尊重とは、国民にではなく、あくまで国政を担当し執行する人に課せられた義務なのである。換言すれば、主権者たる国民が国政を信託するにあたって為政者に課した義務が、憲法を尊重することなのである。

しかし、当時の日本において、軍隊と国憲の関係については、むしろ逆の議論が強かった。すなわち、立憲政体は「事の急速をえない」（演説要綱覚書「立憲政体極底の理」）、つまり緊急事態に即時対処できないために「外戦のためには、もっとも不便な政体」であり、憲法によらない専制政体のほうが効率的

＊この議論は、のちに日清戦争で「清国膺懲（ようちょう）の王師」を、日露戦争において「露国膺懲の聖軍」を起こすことが叫ばれ、日中戦争においては「暴支膺懲」が聖戦の目的とされた史実を思い起こさせる。いずれの場合も、なぜ「膺懲」＝征伐して懲らしめなければならないのか、については説明されることはなく、日本の意のままにならないということが戦争目的となったのである。

であるという主張であった。これに対して枝盛は、「それ国を治むるために要する性質は、勝利を悦《よろこ》ぶの心にあらず、公衆の幸福を希望する情なり。讎敵《しゅうてき》を恨むの念にはあらず、公平を望むの意なり」として政府が偏狭な国権主義に陥ることを戒めたうえで、憲法に遵《したが》っておこなわれる政治の本質とは「政府の宜しくなすべからざることをなすに、もっとも不便なるもの」でなければならないことを強調した。対外戦争など「してはならないことをしようとする」際に、政府にとってきわめて不便なシステムだからこそ、立憲政治は国民の幸福や国際平和にとって、きわめて望ましいと主張したのである。ここには憲法とは為政者を規制し束縛するために存在するものであって、為政者の都合のいいような政策遂行を保障するためにあるのではない、という立憲主義の根本原理についての枝盛の理解が示されている。

そして、枝盛はその立憲的統制の問題を国家間戦争についても推し及ぼしていく。それは人民が生命と財産を保つためにつくったはずの国家が、生命を奪い、身体を害し、財貨を消費する最大の行為としての戦争を起こす主体となることを、法によっていかに廃止していくのかという問題でもあった。人命などを保障するためにつくったはずの国家が、人命や財産などを容赦なく奪い去る戦争を起こすというのは大矛盾であり、それを避けるために「宇内《うだい》に憲法を立て、万国共議政府を建つることは、今日の最大要務」（『無天雑録』一八八一年一月一二日）と考えたのである。

## 万国共議政府と国憲の護衛

その万国協議政府についての構想を展開したのが、一八八三年に板垣退助の名義で刊行された『無上政法論』である。この構想の前提になっているのは、「世界大野蛮論」という一八八〇年に書かれた世界論であった。枝盛は、従来は一国内や一地方内でしかなかった侵略や併合、殺戮などが、交通や軍事力の発達によって「世界全区に係る所の野蛮」(「世界大野蛮論」一八八〇年九月)となって広がり、争いが絶えない「宇内は今まさに修羅場」となったという現実認識を示す。そして、そのように全世界の人々が苦しんでいるという現実を「一国民たるの身分に止まることなく全世界の人たるの身分をもって」考え、それを是正していくことは、「全世界の人たるの本分」を尽くすことであると自覚するに至る。逆にその分を尽くさないのは、自分を棄て、自己の幸福を伸長せず、「人間として人間たるの本分を欠くもの」にほかならない。それは世界が一体化して野蛮化が浸透している以上、明日にも自分の身に降りかかってくるからであった。この発想が、平和的生存権を日本国民に限定せず、「われらは、全世界の国民が、ひとしく」その権利を享受するとした日本国憲法前文の精神に通じていることはみやすいであろう。

枝盛は、この大野蛮世界を克服する方策として、世界を一つの世界共和国か世界君主国にする、国際法の再編をはかる、世界を管掌する司法裁判所を設ける、勢力均衡を徹底する、アジア連合などの地域共同体をつくる、などの選択肢をあげてそれぞれの長短を検討する。しかし、それらはそれぞれに一時しのぎか、一部の解決しかもたらさず、「全世界の人たるの身分をもって」考えた場合、不適切であるとしたうえで、最も可能で根本的解決策として提示したのが「無上政法論」である。

これは世界すべての国家が従う憲法としての「宇内無上憲法」と、それを執行するための国際機構としての「万国共議政府」からなるものである。

「宇内無上憲法」は侵略戦争を抑制し、各国を保護し、各国の安全を確保するための法であるため、各国の上位にあって各国を規制するものであるが、当時の国際法とは異なるものである。なぜなら国際法は、欧米の列強が他国を奪うための手段となり、各国の安全を脅かす道具としてしか機能していないという意味で死法にすぎない。そのため国際法とは異なった方策によって、弱小国の立場を重視した新たな世界法をつくりだしていくしかない。その世界法をつくりだしていくためには「国家をもって更に一大結合」をつくって協議し、「世界の大憲法を立てて各国を保護す」るしかない。その一大結合が常置の「万国共議政府」であり、世界の大憲法が「宇内無上憲法」になるというものであった。

「万国共議政府」の大綱によれば、各国が政体にかかわらず参加でき、各国は同数の議員を出し憲法に遵って規則を立て執行できる、経費も各国が負担する、未開の国は保護して独立させる、不服があれば脱退できるが、他方で内政干渉はできず、共議政府の決定に違反した場合には懲罰を受けるが国土を没収されることはない。こうした大綱が、三七年後に創設された国際連盟の規約と多くの共通性をもっていることは注目に値する。

この「万国共議政府」は国家の結合ではあるが、一つの国家に統合される世界国家を意味するわけではない。世界には風俗や習慣、国力などを異にする国家が多数存在しており、一つの世界国家となることは弱小国家にとっては実質的に併合されるに等しい。世界平和とは単に戦争がない、というだけではなく、あくまでもそれぞれの国家内において、すべての国家さらには個人が独立していることが必須条件となる。というよりも、枝盛にとっては個人の自由と権利の拡張ということを基点としなければ世界平和も画餅に帰すことになるため、それがいかにつながっていくかが問題だったのである。

それでは、「宇内無上憲法」と「万国共議政府」が実現したとき、いかなる成果が得られるのか。まず、これによって各国は対外戦争の恐怖から免れることになり、また紛争が生じても「万国共議政府」によって処理されるため小国の自律が可能になり、それぞれの国家が自由にその国を小分して国民が直接に政治に関与する「直与政体」、すなわち直接民主政治が可能になる。枝盛にいわせれば、人々が身近に接し、直接に自己の意見を政治に反映することによって初めて自己の幸福が実感され、相互理解や責任感も生じるのであって、代議制というものは、代表されないものまで代表を強いるという意味では自己責任放棄となる。

直接民主政によって国民主権を徹底することが世界平和の実現と密接に関連しているという発想は、ルソーとも近似しているが、この「国土の小分」つまりは「世界の地方分権化」とでも名付けるべき考え方は、将来的には「国家の解廃」に至ることを予想するものであった。枝盛は「国土の小分」が進むにしたがって、個人の自由度は高くなり、国家が直接的に個人を規制しなくなることが政治の目的だと考える。「政治は政治なきを期す」という政治観である。

いずれにしても、共議政府の下で「国土の小分」が進めば「遂に国を解くに至るの進歩を得、今日の齷齪《あくせく》たる政治法律のごときはすなわち、その生を卒《お》えて、人間よく真成の自由自主を得、純乎《じゅんこ》たる至美世界に訢楽《きんらく》〔喜び楽しむ〕することを得るに至れば、これを最大利徳といわざらん」との期待を抱いていた。もちろん、「今日の勢いたるや、未だ一時にして遽然《きょぜん》国家を解廃する」ことはできないため、その過渡的時代において最善の形態として「万国共議政府」を提案していたのである。しかし、時代は必ず移っていくものであり、人類や文明の進歩は必ずやそこに至るであろうとみていた。

こうした成果とともに、「無上政法論」がめざしたものが、世界大野蛮の克服であった以上、各国はすべて軍備を縮小することができ、国内の警備などで多少の軍隊が国によっては残るものの、最終的には「些少の備えをも要せずしてその極、ついには全くこれを廃止するに至ることを得べし」というのが枝盛の展望であった。そして、このように軍備縮小から軍備撤廃へと進んでいけば、各国の人々が負担していた軍事費が省かれて膨大な費用が「福祉を増すべきこと決して疑い」ないはずである。そして、福祉の増進は「人間をして殺伐の気風を除減し、和合愛敬の良美なる境に進ましめ、その品等を上昇せしむるに至るべし」という。これが枝盛にとって戦争廃止と軍備撤廃によってもたらされる平和的共存のあるべき姿であり、個人に即していえば、こうした社会で保障されるのが、個人があらゆる自由や欠乏から免れた状態＝平和的生存権だったのである。そこには世界平和が民主主義の理想形態を可能にし、民主主義の充実こそが世界平和を確実なものにしていくという相互作用の意味が示されている。

このように植木枝盛の思想は、戦争放棄・軍備撤廃、国民主権、国際協調、平和的生存権など憲法9条の平和主義の基軸へとつながっていく水源の一つとして重要な意義をもっている。

しかし、それにとどまらず、枝盛が起草した私擬憲法案は一八八〇年代の自由民権運動のなかで生まれた六〇半ばを超える数の私擬憲法草案のうちでも、最も独創性をもったものとして知られ、さらにそれを研究対象としていた鈴木安蔵《やすぞう》を通じて現日本国憲法にも大きな影響を与えたものであった。*

しかしながら、枝盛が私擬憲法草案として「日本国国憲案」(「東洋大日本国国憲按」はその外題)を執筆した一八八一年の段階では、戦争放棄や軍備撤廃という事態を想定してそれを憲法条項として直接的に書くことは、「天皇の軍隊」ひいては天皇制の否定につながる可能性もあったためか、条項としてはあげられてはいない。「日本国国憲案」における軍隊に関しては、前述のような枝盛の発想から日本を連邦制国家構想のなかで、軍事に関しては天皇を大元帥とし、連邦政府と各州に常備軍を置き、併せて各州には護郷兵を設置することができるとしている。しかし、常備軍の兵士は志願者から採用することに限られ、徴兵制を否定していた。同時に、「日本人民は兵士の宿泊を拒絶するを得《う》」という規定があり、国民の権利として保障されていた。

そして、前に記したような思想に沿って、「軍兵は国憲を護衛するものとす」という原則条項が入っており、これに鑑みれば、むしろ政府が憲法の規定を蹂躙《じゅうりん》して国民の権利を侵害したとき、政府を矯正

*GHQが憲法草案起草にあたって、日本側の草案のなかで注目したのが、高野岩三郎、森戸辰男などの憲法研究会が作成した「憲法草案要綱」であり、その執筆担当者が鈴木であった。鈴木はその草案作成過程につき「別に共通の参考資料としたものはなく専ら同人の世界観に基づき技術的な仕上げは専門家に譲ることとしたが、資料の点で特にといわれれば、明治十五年(ママ)に出た植木枝盛の『東洋大日本国国憲案』や土佐立志社の『日本憲法見込案』など日本最初の民主主義的結社自由党の母体たる人々の書いたものを初めとして私擬憲法時代といわれる明治初期真に大弾圧に抗して情熱を傾けて書かれた廿余の草案を参考にした」(『毎日新聞』一九四五年一二月二九日)と語っていた。

植木枝盛

西周

中江兆民

し排除して憲法を護《まも》る使命を国民の意志を反映した軍隊に求めていたとみるべきであると思われる。「日本国国憲案」の特質は、「日本人民は凡そ無法に抵抗することを得」「政府、国憲に違背するときは日本人民はこれに従わざることを得」「政府官吏圧制をなすときは日本人民はこれを排斥するを得。政府威力をもって擅恣《せんし》暴逆を逞《たくま》しうするときは日本人民は兵器をもってこれに抗することを得」「政府恣《ほしいまま》に国憲に背き擅《ほしいまま》に人民の自由権利を残害し建国の旨趣を妨ぐるときは日本人民はこれを覆滅して新政府を建設することを得」といった一連の抵抗権や革命権を明記し、その手段の有効性を担保するために「国民の武装権」を認めていたことにある。

これらはイギリスの権利章典やアメリカ憲法の修正条項のほか、一七九三年のフランス人権宣言の第33条「暴虐に対して抵抗することは、人間の他の諸権利の帰結である」、第35条「政府が人民の諸権利を侵犯するとき、反乱は、人民にとってまた人民の各部分にとって、権利のうちの最も神聖なものであり、義務のうち最も必要不可欠のものである」などに準拠したものであったと思われる。

このように憲法を擁護するために、一方で軍隊に憲法擁護義務を課し、同時に国民の抵抗権と武装権を法認することによって人権を保障し、圧制を防止するという規定は、ほとんどの人権が「法律の定めた」範囲内でのみしか認められなかった大日本帝国憲法には当然のことながら採り入れられるはずはなかった。

大日本帝国憲法における臣民の権利では「戦時又ハ国家事変ノ場合ニ於テ天皇大権ノ施行ヲ妨クルコトナシ」（第31条）との制限を受け、「陸海軍ノ法令又ハ紀律ニ牴触セサルモノニ限リ軍人ニ準行ス」（第32条）として軍隊内においては人権そのものが厳しい制約の下に置かれており、枝盛が想定したような条項とはまったく異質の構成になっていたのである。もちろん、「刀狩」以来、そして明治維新期の「廃刀令」によって市民武装や民兵の伝統をもちえなかった日本社会において、枝盛が考えたような抵抗権や革命権が有効に機能しえたかどうかについては議論の分かれるところであろう。しかし、枝盛の「日本国国憲案」は、軍備が為政者だけに専属するという日本のあり方の問題と、武装権と民主主義の起源との関連について、日本人の思考の空白領域を照らしだしていることは間違いない。

そして、この平和と軍備の主体の関連をめぐる問題を考えるとき、近代日本においてもまたサン・ピエール、ルソー、カントなどの議論が一つの引照基準となって現れたのである。

## 5　西周の徴兵論と永久平和論

### 永久平和への途上で

カントの哲学に、日本において最も早く関心を抱いたのは、西周《にしあまね》（一八二九－九七年）であろう。西周は「哲学」「演繹」「帰納」をはじめ多くの学術用語を翻訳し、自らも学問の体系化をめざして『百学連環』を講述するなど、日本近代哲学の父とも称されてきた。また、オランダのフィッセリング（S. Vissering）による国際法講義録『万国公法』やミル（J. S. Mill）の『利学』などを訳述して西欧法政思想を紹介したほか、明六社での啓蒙活動に従事し、出仕した兵部省（のち陸軍省）では山県有朋のブレーンとして陸軍軍制の整備に努め、「軍人訓戒」（一八七八年）、「軍人勅諭」（一八八二年）の起草などに携わった官僚でもあった。

西周と津田真道は、一八六二年、日本人として初めて人文・社会科学を学ぶべくオランダのライデン大学に留学したが、西はそこで学ぶべき課題として法律・政治・統計・外交の諸学のほか、デカルト、ロック、ヘーゲル、カントの哲学についても勉学することを切望していた。

そのカントやサン・ピエールなどの永久平和論が、西や中村正直らによって明六社などで議論の対象となっていたであろうことは、明六社同人であった阪谷素《しろし》が「かつて聞く、欧州賢哲、戦闘を廃するの議あり、と。これ曠古《こうこ》の美事、万国の至仁なり。しかれども、各国真誠開明、私の自主自由一点無の度に至らざれば、おそらく無用の談に属す」（「質疑一則」『明六雑誌』第一〇号、一八七四年六月）と記しているることからも推察される。しかし、ちょうど近代日本最初の外征である台湾出兵が問題となった当時においては、それぞれの国家が自己の利害のみしか考えていない段階では永久平和を論じる意味はない、という判断がなされていたのである。

それから四年後、西周は兵賦すなわち徴兵を論じるなかで、永久平和論に言及することになる。西の『兵賦論』は一八七八年九月から八一年二月までの間二二回にわたって『内外兵事新聞』に掲載されたものであり、西南戦争によって徴兵が往時の職業軍人であった武士階級以上の威力をもつことを証明した直後の時期、まさに日本の徴兵制が基礎を固めていく過程で執筆されたものであった。

そのことが示すように西の議論は、永久平和のあり方そのものを追求したわけではない。しかし、「欧州前哲の観察によれば、この世界はついにいわゆるエートルナル・ピース（eternal peace）という無疆《むきょう》治休《ちきゅう》に帰すべきものなりと。しかるにこの無疆治休にいたるには、理勢のしからしむるところ、かならず一事の相離るべからざることあり。すなわち四海共和これなり。ゆえにこの四海共和・無疆治休というはこの世界の達すべき結果にして、かならずここに馴致《じゅんち》すべきことは、これを過去の史乗、世界の往事に徴して歴々日を観《み》るがごときものあり」と述べているように、永久平和が世界各国による和平という条件の下で、必ず訪れるであろうという見通しをもっていたことは間違いない。ただ、問題は四海共和が実現していない段階で、徴兵制をいかに根拠づけるべきかということにあった。

西にとって人類は弱肉強食による国家の離合集散という優勝劣敗の歴史をたどってきており、その歴史から未来をはかるとすれば、四海共和も生存競争に生き残った一つの国家によって実現することになるはずであった。そして、今や西力東漸し、西欧諸国がアジアやアフリカにおいて自らの国家へ併合を進めている段階にある。そのなかで主権国家平等という国際法の原則は機能していない。とすれば弱いものは力を合わせて、これに抵抗するしかない。そこで西が提案するのが、日本が中国を助け、あるいは中国の滅亡に乗じて「われ、わがアジア東方を合一にし、白種人をして流涎《りゅうぜん》〔よだれを垂らす〕の情を断ぜしむるにあり」ということであった。こうして日本を中核として成り立つ東アジア合一国家だけが、西欧に対峙するための唯一の手段であり、それによって永久平和が訪れる時代を待つしかない、というのが西の論旨であった。このような東西文明対決論は、その後も一つの流れとなり、それが最終的には石原莞爾にみられるように東洋文明のチャンピオンである日本と西洋文明のチャンピオンであるアメリカとの対決という日米戦争論につながっていくことになる。

西は四海共和に人間が至るであろうことを予測していたが、「いよいよ開化に進めばいよいよ戦乱に近づく」というように、最終段階に近づけば近づくほど、文明の発達にしたがって戦争の規模はますます拡大し、激烈さを増していくとみていた。しかし、なぜその戦争が避けられないのか、について問おうとはしなかった。いや、西にとっては「人間は戦争をもって組織したるが上に、また人の性は戦争を好むものにして、すべて戦争にあらざれば生気もなく、活気もなく、世界上の人類は寂滅《じゃくめつ》の域に入るべきなり」として、人が競争心をもって生きているときには活気があるということをもって、そのまま国家もまた戦争すべき本性をもっていると議論をすべらせてしまったために、国家間戦争と人間の競争心との次元の相違が意識されないままに終わってしまったのである。しかし、より問題なのは、戦いがない世界を単に静かな世界という以上に生気のない死の世界＝寂滅と捉えていたことである。それは永久平和を西が無疆治休と訳していたことと関連しているのかもしれない。つまり、無疆とは国家や民族などのあらゆる境界が消滅することを意味するのであろうが、治休として政治機能が休止した状態以上の内容に踏み込んでいなかったようにみえるのも、西自身が永久平和に積極的な意義づけを見いだせないでいたことの現れであろう。

西は結局カントの常備軍廃止論や世界市民法などについて論及することのないままに、「兵備なき国は国その国にあらざる」「兵備あれば兵備の実あらざるをえず」「兵備の実をしてあらしむるはすなわち兵を厚くするなり」として、普通の国は兵備をもって戦争できなければならない、そのためには徴兵の強化が不可欠だという論理を提示したのみで、そこからいかに永久平和に至るのかについても触れることはなかった。それは陸軍省の官僚として徴兵制を否定することはできず、既成の事実をいかに正当化していくかが西に課せられた任務であったことの制約であったのかもしれない。

しかし、一方で西が自分たちの運命として「わが一万年後の子孫のために無疆治休の幸福を与うるため、かの三〇里の途中にて一尺ばかりの生涯をもってかの併合・呑併というおもしろからざる事業に服従せざるえざることに決まりたり。しかれどもこれ吾人の運命、吾人の役前〔任務〕にして、これをのがれんと欲するも、のがるべき道なし。かならずここに従事せざるをえざるの仕事なり」と述べていたのは、併合・呑併というかに自分の意に反する行為であっても、否応なく従わざるをえないという諦《てい》念《ねん》の表明であった。それは時代についての明察ではあったかもしれない。しかし、そこからは人間が生きている以上、戦争は必然であり、その宿命に従うしかないという運命論による軍備拡張論しか生まれなかったし、自らが生き残るためには併合など弱国・小国を犠牲にすることもやむをえないという自己正当化が一人歩きしていくことにもなった。

しかし、同じくサン・ピエールやカントなどの永久平和論によりながら、そして永久平和の実現が遠い将来のことであるとしながらも、だからこそ「今、ここでやるべきことは何か」を問い詰めていったのが中江兆民であった。

## 6 中江兆民の軍備撤廃論と「思想の種子」

### 非武装の「風となれ」

中江兆民（一八四七－一九〇一年）も、植木枝盛と同じく自由民権運動において自由党系の理論家として、またフランスのルソーの『社会契約論 Du Contrat Social』を漢文訳した「民約訳解」によって中国にも「東洋のルソー」として知られることとなった。その思想はフランス学の研鑽《けんさん》とともに漢学の修得によって育まれたものであり、民権思想の普及と専制政府攻撃に健筆をふるった政論家であるとともに、「民権これ至理なり、自由平等これ大義なり。……この理や漢土〔中国〕にありても孟軻《もうか》〔孟子〕、柳宗元早くこれを覰破《しょは》せり、欧米の専有にあらざるなり」（『一年有半』一九〇一年）という主張に示されるように、思想の普遍性と固有性とは何かを一生を通して問い続けた思索者でもあった。

さて、ルソーをはじめとするフランス思想に通暁《つうぎょう》していた兆民にとって、「政権をもって全国人民の公有物となし、一に有司に私せざるときは皆『レスピュブリカー』なり、みな共和政治なり」（「君民共治之説」一八八一年）と論じていたように、天皇制を採る日本において、いかにして国民の共有物としての国家の内実をつくりあげていくかを最大の思想課題としていた。それはまた平和論や軍備論においても、国民の共有物たる国家をいかに守るのか、という問題に直結することになる。兆民が一八八七年に公刊した『三酔人経綸問答』においてサン・ピエールやカントなどヨーロッパにおける平和思想史の系譜の紹介に情熱を込めたのも、ここに深く結びついていた。

もちろん、『三酔人経綸問答』という著作自体、異なった立場・思想に設定した三者が討論することによって相互の議論の矛盾をつきながら、日本が採るべき外交路線や政策原理を複眼的な視点から導きだそうとする試みであり、そこに書かれた議論がすべて兆民のものとみることはできない。あえて自らの反対者の意見を採り入れることで、問題点を浮かび上がらせていることにも注意を払う必要がある。しかし、議論を主導している「洋学紳士」の平和論や軍備論が、最も多く兆民自身の思想を分与されていることは、後述するような兆民本人の論策に確実にみてとることができるはずである。

それでは「洋学紳士」は、どのような平和構想を抱いていたのであろうか。ここでは現代語に訳しながら、やや長文にわたるが、その論旨を追ってみたい。

ヨーロッパ諸国は自由・平等・博愛という三つの原理を理解したはずなのに、どうして民主制でない国が多いのでしょうか。なぜ、きわめて道徳に反し、経済の道理に背き、国家財政を蝕む数十万・何百万の常備軍を蓄え、うわべばかりで中味のない功名を競うためだけに、罪のない国民同士を殺しあわせるのでしょうか。こうした文明国に対して、文明の進歩においては遅れている一小国である日本が、アジアの片隅から自信をもって立ち上がり、一挙に自由と友愛の境地にとびこみ、要塞を破壊し、大砲を鋳つぶし、軍艦を商船にし、兵士を良民とし、ひたすら道徳の学問を究明し、工業技術を研究し、ただ純粋に哲学を学び尊重することになったら、文明国だとうぬぼれているヨーロッパ諸国の人たちは、はたして心に恥じないでいられるでしょうか。もし彼らが頑迷凶悪で、心に恥じないどころか、日本が軍備を撤廃したことに乗じて荒々しくも侵攻してきたとして、私たちが一切の刃物を手にせず、一発の銃弾ももたずに、礼儀をもって迎えるとしたら、彼らははたしていったいどうするでしょうか。剣をふるって風を斬ろうとしても、剣がいかに鋭利であれ、軽くてとりとめのない風をどうすることもできないでしょう。私たちは風になりましょうよ。……

小国の私たちは、彼らが内心ではなりたいと憧れながら未だに実行できないでいる無形の道義というものをもってなぜ軍備としないのでしょうか。自由を軍隊とし、艦隊とし、平等をもって砦とし、友愛を剣や銃砲とするとき、これに敵対するものが世界にあるでしょうか。

ここには戦争放棄・軍備撤廃を世界に先駆けて実行し、一国をあげて道徳と学術・技術の向上をはかるという意味で、戦後日本において多くの国民が共感をもって迎えた「文化国家」論とまったく同じ国家像が、明確に掲げられている。* そして、それが憲法9条の理念とまっすぐにつながっている思想であることは、誰の目にも明らかなことと思われる。戦争放棄・軍備撤廃という主張は、憲法9条によって初めて現れた新奇なものではなく、それに先立つ六〇年ほど前に日本人自身によってすでに発せられていたのである。さらに、他国が望みながらも実行できないでいる戦争放棄・軍備撤廃に日本が率先して踏みきることを促し、その意義を説く文章は、「われらは、平和を維持し、専制と隷従、圧迫と偏狭を地上から永遠に除去しようと努めてゐる国際社会において、名誉ある地位を占めたいと思ふ」という憲法前文と同じスタンスに立つものであろう。

この非武装・非暴力による国民的抵抗という発想はサン・ピエール、ルソー、カントらが唱えた永久

＊戦前の「軍事国家」への批判から敗戦後、民主主義の徹底とそれによる世界貢献をめざす「文化国家」論が唱えられたが、明確な国家像は示されなかった。『三酔人経綸問答』には「洋学紳士」の意見として、軍備撤廃によって他国を侵す意志がないことを示し「国全体を道徳の園とし、学問の畑とする」「試みにこのアジアの小国を、民主・平等・道徳・学問の実験室としたい。ひょっとすれば、私たちは世界の最も尊く、最も愛すべき、天下太平、万民幸福という化合物を蒸留できるかもしれない」などの国家像が提示されている。

平和論とは異なり、その後インドのマハトマ・ガンディーが唱導することになるサティヤーグラハ（サティヤーは真理、グラハは把握・堅持。非暴力的抵抗を意味する）運動やアヒンサー（不殺生・非暴力）による不服従という行動に較似したものである。しかし、兆民はヨーロッパの永久平和論のなかでもサン・ピエールやカントなどに示唆を受けつつ、自説を展開している。そのことは諸説について的確な紹介をおこなったうえで、戦争廃止による永久平和を達成するためにはまず各国が民主制度にし、そののちに世界各国を合わせて一大連邦を組織しなければならないとの「欧州諸学士」の説に深い賛同の意を示していることからもわかる。

なかでも、カント『永久平和のために』の議論を敷衍《ふえん》しながら戦争において戦って災厄を被り、軍費を支払い、戦後に国債の償還にあたるのは国民である以上、国民が主権者であれば戦争を避けようとするのは当然であるとして、戦争放棄と国民主権および民主制との密接な関連に強く注意を促していたが、これは兆民が一貫して追求した「国民の共有物としての国家」のあり方とも直結する問題でもあった。また、人類にとって土地は共有物であって、「世界万国皆わが宅地なり」と述べるなど、カントの世界市民法における「人類に共通に属している地表の権利」と同じ考え方を表明している。これも公共物としての国家を「人類の共有物としての地球」へと推し広げた発想であろうが、当時の読者にとっては意表をつくものであったに違いない。

もちろん、こうした「洋学紳士」の議論に対しては、戦争がいかに厭うべきものであれ、人間が闘争本能をもち現実世界に戦争がある以上、欧州諸国に自らが攻め滅ぼされたくなければ軍備を増強して身近にある中国を併合し、それによって富国となるしかないという「豪傑君」の意見が対置されている。これまた実際に近代日本がたどることになる道筋であったが、その破綻の結果として日本国憲法が制定されたのである。

他方、兆民の「洋学紳士」に仮託された平和論においては、常備軍撤廃や戦争放棄はとりあげられているものの、カントが『永久平和のために』において留保していた国民が自発的に武器を使用して自分と国家を外部からの攻撃に対して防備するという民兵論の議論は出ていない。この「国民の武装権」にかかわる問題は、兆民が「洋学紳士」の非武装論における抵抗をどのように考えていたのか、にもかかわってくる。兆民は『三酔人経綸問答』においては、万が一、他国が攻め込んできても、国民それぞれが自分で抵抗をはかるべきであるとしたうえで、「洋学紳士」には徹底した非暴力・無抵抗主義によって道義的に弾劾するという方法を語らせていた。しかし、それから二年後に書かれた「土著兵論《どちゃくへい》」では、ヨーロッパが植民地化を進めている現状において、軍備撤廃によって道徳と経済に専念するのは正義ではあるが、すぐに軍備撤廃はできないとの判断が示されている。金銭支払いによる徴兵免除などによって徴兵制の負担が下級階層に重くのしかかっているという不平等を排除し、常備軍維持のためにかかる無駄な財政を省くためには、「平民平等と租税負担排除」の観点から常備軍を廃絶して土着の民兵を置くしかないというのが、この論策の焦点であった。つまり、常備軍廃止に向けての手段として土着の民兵が提案されているのであり、この論策でもサン・ピエールやカントの「万国平和説」が平民平等と軍事費廃止にとって有意義であることが確認されていた。

このほか、『三酔人経綸問答』には、国家と戦争と基本的人権の関係やアジア政策論など、さまざまなその後の日本の歩みとかかわる重要な問題提起がなされている。また、カントが共和制と民主制とを峻別していたことに対する兆民の理解の問題など論点は多いが、紙幅の制約もあるため、以下留意すべき二点についてのみ触れておきたい。

その第一として、ヨーロッパの国際法学者が「進撃〔征服〕は不正義だが、防禦〔自衛〕は正義である」とする説に対する、「洋学紳士」による批判があげられる。これは国家の自衛権をいかに法的に正当化するかについて、個人が正当防衛権をもつから国家も正当防衛の権利として自衛権をもつというように、国家にそのまま転用することができるのかという問題にかかわるもので、「洋学紳士」はこれを否定する。それは国家が自衛と称して戦うときには、すでに進撃の要素が含まれ、実際上も相手国に攻撃をしないかぎり自衛にならないこと、そして国家自衛権には「相手が悪事をしたから、自分も悪事をする」という論理が含まれているということへの批判であった。それが非暴力・無抵抗によって敵に殺されることも辞さない、しかしそれによって「全国民を生きた道徳とでもいうべきものに化身させ、将来の社会に模範を垂れさせたい」という「洋学紳士」の論理につながっていく。この国家の自衛権を否認する議論と国民の抵抗権と自衛権の関連という論点もまた、憲法9条と密接に関連してくる問題であるが、『三酔人経綸問答』では結論は出されていない。

こうした「洋学紳士」の議論に対して、もう一人の兆民の分身である「南海先生」は、世界平和の思想がすぐに実行できないとしても、すでに当時においても「腕力主義」から「道徳主義」の世界へ移行しつつあることを事例をあげて認めたうえで、思想のもつ歴史的な意義について言及している。これが第二の論点となる。「南海先生」によれば、「思想は種子であり、脳髄は田畑である」。そして、思想は人々の脳髄に貯蓄され、それが時を経て社会の事業となって現れる。世界の歴史は、こうして思想が事業を生み、事業がまた思想を生むというダイナミズムのなかで進んできた。そうであるとすれば、人がその思想を実現したいと思うなら、これを語り、本に書いてその種子をまいておくことが必要であり、それが幾百年後には国じゅうに生い茂っているはずだと説くのである。兆民自身、軍備増強が国論となっていた当時の状況において、軍備撤廃が即時に可能だとは思ってはいなかった。だからこそ、思想の種子をまいてその実現を後代へつなぐことをあえてもう一人の自分に説き勧めることによって、自らにも言い聞かせようとしたのではないだろうか。

このように架空鼎談の形式をとる『三酔人経綸問答』では、兆民自身の考えを特定することには困難が伴う。しかし、喉頭ガンによって余命一年半と告げられ、その病床にあって記された『一年有半』には、「生前の遺稿」として肉声がつづられている。そこでは、「人民たる者己れ自ら恃《たの》むに非ざれば、また政事家に恃む所なし」として、自分がやろうという強い意志がないものを、それを政治家にやってもらおうとしても無駄であり、結局自分で理想を追求しなければ無意味であると断言している。

そして、後事を託すかのように内村鑑三や門弟の幸徳秋水らが結成していた理想団に触れて、こう述べている。「すでに理想という。たとえその勢い今日に行うべからざるもの、すなわち純然たる理義の正のごときも、これを口にしてこれを筆にし、他年他日必ずこれを実行に見ることを期するなるべし。

すなわち自由、平等、博愛そのほか万国と隔離するところの境界を撤去し、干戈《かんか》〔戦争〕を弭《や》〔止〕め、貨幣を一にし、万国共通の衙門《がもん》〔官庁・政府〕を設け、土地所有権および財産世襲権を廃するなどのごときも、その講求のなかにあるべし。これ大志なり」と。

ここには土地所有権と財産世襲権の廃止という社会主義的要求が入っており、幸徳秋水へとつながっていく思想の水脈が見いだされる。しかし、それ以上に目をひくのは、万国の境界を廃止し、共通の政府をつくること、そして何よりも戦争を廃止するという主張を大志として掲げている点であり、これこそ兆民がサン・ピエールやカントの思想を継承し、さらに次代の人々に受け渡していることを明白に示すものである。

さらに、兆民は語を継いでいう。この大志を果たそうとすれば、あるいは獄中につながれることになるかもしれないし、道理と正義のわからない狂漢に短刀で刺されるかもしれない。そして世俗の栄誉や地位による誘いなどに惑わされることがあるかもしれない。そうだとしても、どうかみなさん健康に気をつけて励んでください。私も「また石碑の後より、他日手を昂《あ》げてこれを祝するあらん」と。

このように兆民が書き遺して逝った一九〇一年の五月、あたかもその激励の声に応じるかのごとく、幸徳秋水や安部磯雄らは日本で初めて「軍備撤廃」を綱領に掲げた社会民主党を結成していた。同じ年、幸徳秋水は愛国主義と軍国主義からなる帝国主義批判の書として『廿世紀之《の》怪物　帝国主義』を公刊していた。さらに兆民が期待をかけた幸徳や内村鑑三らの理想団出身者が「戦争を止める」という大志を引き継ぎ、それを非戦論として本格的に展開していくのはその二年後、一九〇三年のことであった。

# 第4章

# 日清・日露戦争と非戦論の奔流

## 戦争の時代と非戦論の噴出

主権国家間の戦争のなかでも国民軍による戦争は、敵国を屈服させて自らの国家の栄光を高めるというナショナリズムによって戦われるために、見も知らないはずの敵への感情的な憎悪を募らせ、苛烈な結果を生むようになった。そのことは、国民軍による戦争への画期となったナポレオン戦争において、特別に高い殺傷能力をもった新兵器が使用されたわけでなかったにもかかわらず、およそ二四二万人にもおよぶ人命が失われたことに示されている。

それだけに、戦争の悲惨さを再び繰り返さないために国民が自ら結社を組織して政府に平和維持を要求する運動もまた、一八一五年のナポレオン戦争終了直後から始まることになった。一八一六年にはロンドンでクエーカー教徒のアレン（W. Allen）らによってヨーロッパ最初の平和協会（Peace Society）が設立され、その後ヨーロッパ各地に平和協会が生まれていった。また、アメリカでは一八一五年にクエーカー教徒ドッジ（D. L. Dodge）がニューヨークに平和協会を組織した後、同種の協会が生まれたが、一八二八年には合同してアメリカ平和協会が結成された。そして、一八四八年には初めて国際的規模での万国平和会議（ハーグ平和会議とは別のもの）が開催され、以後、ほぼ毎年開かれることになった。これらの平和団体や国際会議は、平和思想の普及をはかるとともに国際紛争を解決するための仲裁条約の締結や仲裁機関の設置による「平和と仲裁」を求める運動を進めていった。

国際的にこうした平和を希求する運動が展開されるなかで戦われたのが日清・日露戦争であった。もちろん、国際法上、当時は戦争合違無差別論の時代であり、戦争そのものは違法ではなく、ただ戦時における交戦法規を守ることだけが要請されていた。そして、不平等条約下にあった日本は主権国家として法認されるためにも、国際法を遵守して戦争をおこなっていることを国際社会に顕示する必要があった。しかし、そのことは戦争を否定することを意味するものではなかった。日清・日露の両戦争は、あくまで外交問題解決の手段の一つとして主権国家が自由に戦争を選択することができ、戦勝国は賠償金や領土などを得るのが当然であるという戦争観が支配していた時代において戦われたのである。

それだけにまた国運を賭して戦っている国民戦争に対して反対したり戦争そのものの廃止を唱えることは、社会的にも大きな抵抗と反発を招くものであった。しかし、そうした時代であったからこそ、支配的であった戦争観をも覆していく思想的な努力が、日本社会に衝撃を与えるとともに、その困難さゆえに社会の流れを変えていく意義をもつことになったのである。日清・日露の両戦争の時代、それは日本における非戦論が底流から表層へとほとばしり出た時代でもあった。

## 1　非戦論の底流――日清戦争へ

### 平和運動の国際的連動と日本平和会

さて、主権国家間の戦争という概念が、いわば外から与えられた近代日本においては、国際紛争の仲裁制度や国際組織という平和に向けた動きもまた、海外からやってくることになった。

そして、先に述べた「平和と仲裁」運動を推進するために世界各地に勧誘員が派遣されたが、一八八九年に訪日したのが、ロンドン平和協会のウイリアム・ジョーンズ（W. Jones）であり、八月に日本で最初の平和講演をおこなった。この講演に賛同して日本でも宣教師のブレスウエト（G. Braithwaite）らの援助を得ながら、一八八九年に平和協会（のち日本平和会）が結成され、雑誌『平和』が一八九二年に創刊されることとなった。

この雑誌の主筆や編集を担当したのが文学者の北村透谷（一八六八―九四年）と加藤万治《かずはる》であり、ここには前記の欧米の平和運動・会議のほか、一八六六年の設立以来「たとえ防衛戦争であれ、全ての戦争は誤りである」ことを訴えていた万国平和連盟（Universal Peace Union）などの活動が紹介されている。これはアメリカで刊行された報告書を二カ月後に報道したものであったが、平和運動がすでに国際的な連動性と同時性をもって進められていたことを示すものであった。

もちろん、一八八九年当時の日本においては平和運動そのものが新奇なものであり、それをキリスト教的な精神運動として受け入れるという側面が強かったことは否めない。透谷自身、『平和』発行の辞において「平和の文字甚だ新《あらた》なり、基督《キリスト》教以外に対しては更に斬新なり。……人の正心《コンシエンス》の世界を離れぬ限り、吾人は『平和』なるものの必須にして遠大なる問題なるを信ず。吾人は苟《いやしく》も基督の立教の下《もと》にあって四海兄弟の真理を奉じ、この天理を破り邦々相傷《あいそこな》うを以て、人類の恥辱これより甚だしきはなしと信ず。……戦争は政治家の罪にあらずして、人類の正心の曇れるに因ってなることを記憶せられよ」と述べているように、平和という新たな概念をキリスト教の平和思想として理解していたし、戦争の原因を政治の問題ではなく、主として個人の内面の問題とみなすような表現もしていたのである。こうした紹介のために、平和思想は日本の伝統とは無縁の外来思想として、排斥する際の根拠とされ、戦争が個人の内面性によって廃止されうるという誤解を与えかねないことにもなった。

しかしながら、「世界万邦の思想は相接引するの時となれり、東西南北の区別は政治地図の上にこそ見れ、内部文明にはかかる地図なからんとす」（「一種の攘夷思想」『平和』第三号、一八九二年六月）と述べていたように、透谷にとっては平和という思想や平和運動は、世界各国の文明が国境を越え緊密に一体化していくなかで必然的に要求されるものであった。しかも、それは単に思想として世界各国に普及しているというだけでなく、「哲学者カントがはじめて万国仲裁の事を唱えてより漸く欧州の思想家・宗教家・政治家などをして実際に平和の仲裁法の行われるべきを確信せり」と指摘していたように、平和は国際仲裁制度によって現実にもたらされる可能性のあるものであった。

もちろん、たとえ世界がそうした動向にあるにせよ、対外戦争にも直面していなかった日本においては、平和思想や平和協会など日本にとって不要であるという否定的な対応も少なくなかった。透谷が「人は理想あるが故に貴かるべし、もし実在の仮偽なる境遇に満足し了《おわ》る事を得るものならば、吾人は人間の霊なる価値を知るに苦しむなり。理想なくては希望もあるまじ、希望なくては生命もあるまじ」ということを説くことから始めなければならなかったのは、そのためであった。こうして『平和』誌上では、カントの『永久平和のために』などの紹介や、国際仲裁制度の解説、各国平和協会や万国平和会議の沿革などの記事を載せるとともに、「復讐の時代は漸く過ぎて、しかして戦争もまた漸く少なからんとす。宗教の希望は一個人の復讐を絶つと共に、国民間の戦争を断たんとすべし」(「復讐と戦争」『平和』第二号、一八九三年五月)として、戦争廃止のためには内面の変化を促すことから着手する必要があることを説いていたのである。

確かに、平和という問題は、国家間戦争がない、ということに尽きるものではなく、最終的には個人にとっていかなる心身状態になり、どのような意味をもつのか問うべきであろう。そして、透谷自身、平和という状態が個人にとっては「円満なる終極の天地」という精神性の理想と考えていたからこそ、トルストイの非戦思想に共鳴し、「トルストイ伯」(第二号)などの論説によって、その非戦思想の最初の紹介者となったのである。透谷はトルストイの『戦争と平和』の翻訳を『平和』誌に掲載することを予告していたが、一八九四年五月の自殺によって果たされないままに終わってしまった。

北村透谷

トルストイ

## トルストイの非戦思想

『戦争と平和』の透谷訳は幻に終わったとはいえ、やはり透谷以降、二〇〇四年七月に亡くなった北御《きたみ》門《かど》二郎（トルストイの優れた翻訳者であり、良心的兵役拒否をしたことで知られる）に至るまで、日本の非戦思想においてトルストイが果たした役割の大きさはやはり無視することはできないであろう。*

トルストイにみられる非戦思想はキリスト教信仰を基盤にして心理的な抵抗としてのヒューマニズムに基づくものであり、「悪をもって悪に抗するなかれ」という立場に発するものである。戦争という悪に対抗するために戦争という悪の手段をとれば、自らが悪に陥るというだけでなく、さらにその悪の反抗を呼び起こすだけで悪は増長し、永遠なる悪循環を繰り返していくことになる。つまり、悪に抗するためには、自らが正しい手段をとる必要があり、それは他人のためにも自分のためにも、悪をなすことを絶対に拒否することでなければならない。トルストイはその悪の最たるものである戦争を拒否する手段として、兵役拒否とともに、暴力の道具となる軍隊や武器をつくることになる租税納入を拒否することを勧めた。それに対して政府は必ずや弾圧するに違いない。そのときはすべての国民が監獄に入ればいい。政府は国民すべてを監獄に入れることはできないし、もしできたとしてもそのときは軍隊も軍隊を支える財政も成り立たないであろうと説いた。

もちろん、こうした考え方に対しては、徳富蘇峰が述べたように、所詮トルストイは極端で奇警な言論を喜ぶスラブ民族であり、「良識ある日本民族」はけっして同調しないという批判もあった。しかし、銃器を焼き、兵役を拒否し、監獄に入れられてもけっして人を殺さないという信念を貫き通した人々が実在したことも否定できない。それは、トルストイが必死でかばいカナダへの移住を援助し続けたドゥホボール教徒たちであった。

そうした信念を弾圧にも屈することなく実行できるのは、整然と客観化された理論や思想ではなく、その理論や思想を生み出すための源泉となる倫理観であり、行動を支える信条であり、他者を含めた生ける者への生命感覚とでもいうべきものである。戦争の原因やそれを生む社会のシステムがいかなるものであれ、それを戦うのも、それによって苦難を強いられるのも人間一人ひとりである、というのが真実だからである。そのように考えるとき、確かに戦争は国家が始めるものであり、その国家を動かしている経済制度などが変わらないかぎり、戦争は終わらないものであるとしても、宗教的信念やヒューマニズムに基づく非戦思想が底流にないかぎり、戦争廃止という問題は永遠に解決しないともいえよう。

＊トルストイの非戦思想が近代日本に与えた衝撃の諸相、また後述する平民社や安部磯雄などとの交流については、拙著『日露戦争の世紀――連鎖視点から見る日本と世界』（岩波新書958）を参照いただきたい。

そして、軍事的衝突としての戦争が終わった後も、憎悪と怨恨という心理的な戦争は、人の心のなかで消え去ることなく続いていく。そうした心理の連鎖が新たな戦争を生み出す原因ともなってきた。

このような非戦思想の根源としての信条の問題と、戦争を生むメカニズムとの問題とをいかに考えるのか、という課題が日本平和会においても、また平民社においても、さらには日本近代を通じて深刻な対立点ともなっていった。日本平和会においては当初、平和を個人の問題として追求していたが、次第に国家間戦争の原因が、単なる個人的復讐などとは異なり、「労役社会」つまり資本主義社会における矛盾を対外的に解決しようとするところにあるとの見方が強まっていった。そこではイギリスの平和協会などでの議論を受けて、戦争によって利益を受けるのは資本家などの支配階級であるのに対して、その被害を最も受けるのは税金を負担し兵役に徴集される労働者階級である、との認識が表明されることにもなっていたのである。*

## 日本平和会の行方

そして、透谷の死から三カ月後、日清戦争が始まると、内面の信仰をもとに国家間の戦争を防ぐという立場をとる会員と、戦争を生む社会制度そのものの改変をめざす会員との間に大きな亀裂が生じることとなった。日本平和会は戦争にいかに対処するかによって分裂し、ブレスウエトと日本人有志数名が「大日本平和協会 Japan Peace Society」を設立して、「戦争の惨状」「人は凡て兄弟なり兄弟は戦争すべからず」「調停は争論を決する最良の方法なり」などを訳載した『平和問題答案平和雑誌』を日本各地の教会や国会議員に送付するなどの非戦運動を続けていった。

しかし、国運を賭すと叫ばれた戦争のなかで、同じキリスト教徒のなかでも対応は異なり、植村正久などは「教会員は何ぞ主人公となりてこの運動を首唱せざる。基督教の諸名士、何ぞ自ら起《た》ちてこの運動を首唱せざる。これ黄金の時機にあらずや」(「何ぞ広島へ行かざる」『福音新報』一八九四年一一月)と主戦論を盛り上げる運動を奨励していた。その植村からみれば「普連土《フレンド》〔クエーカー〕教会の人々、平和会の会員は戦気滔天《とうてん》の今日に公然その主義を宣言し、その会則の制裁を厳かにして、会員を淘汰し、非戦論のために気炎を吐かんとす。吾らもとよりその主義に反対す。……いずれも国のため主義のために議論するなり。吾らその人を愛して、その説に反対せんと欲す」(「平和会」『福音新報』一八九四年一〇月)と批判したように、平和会などが説く非戦論は厳しく反対せざるをえない性質のものであった。

こうしたキリスト教諸会派からの批判に加えて、雑誌などの刊行に対する政府の弾圧もあって、日本平和会は日清戦争中に活動を停止することとなった。ちなみに、日本平和会の加藤万治らは、日露戦争後の一九〇六年四月に改めて大日本平和協会を結成し、江原素六《えばらそろく》を初代会長に、そして一九一〇年からは大隈重信を第二代会長に「平穏手段をもって国際争議の解決を促し、もって世界の永久普遍的平和を確保増進する」(「大日本平和協会憲法」)運動を推進していった。加藤はその後も平和思想の普及に尽力

＊一八九二年三月には、日本平和会の雑誌『平和』とは別にバプテスト青年会によって雑誌『平和(おだやか)』が創刊されたが、その「個人主義の平和」を追求する立場に対比して、日本平和会は自らが求める平和を、仲裁制度などによる国家間戦争の廃止をめざす「国家主義の平和」として考えていた。

し、一九三二年に世を去ったが、遺言の筆頭に「世界恒久平和の確立」をあげ、その実現を後世に託している。

このように、通常、日露戦争を機に登場するとみなされている日本における非戦論ではあるが、植村の文章に明らかなように、平和会の思想や運動は、批判の対象としてではあれ日清戦争時に「非戦論」という概念ですでに捉えられていた。そして、このイギリスの平和協会との思想的つながりのなかで生まれた日本平和会が重視していた仲裁機構設立構想は、日清戦争終結から四年後の一八九九年にロシアのニコライ二世の提唱によって開催された第一回ハーグ平和会議で採択された「国際紛争平和的処理条約」によって常設の仲裁裁判所設立に向けて動きだすことになったのである。

## 2　日清戦争後の軍備撤廃論

### 戦勝への懐疑と社会問題の発生

一八九四年八月、「朝鮮の独立を全うし東洋の平和を維持する」ことを目的に掲げて、「平和のための戦争」として開戦された日清戦争において、このようにすでに非戦論は唱えられていた。しかしながら、近代日本において最初の本格的な対外戦争となった日清戦争では、福沢諭吉が「日清戦争は文明と野蛮の戦争なり」と説き、「我輩の目的はただ戦勝にあるのみ、戦争に勝利を得て、わが国権を伸ばし、われわれ同胞の日本国人が世界に対し肩身を広くするの愉快さえあれば、内はいかなる不平不条理あるもこれを論ずるに遑《いとま》あらず」(「日本臣民の覚悟」『時事新報』一八九四年八月)と鼓舞したように、言論界は主戦論によって占められていった。

だが、その戦勝の結果は、戦利品として獲得したはずの遼東半島を三国干渉によって奪われたために、多くの国民に敗戦以上の屈辱感を与え、「臥薪嘗胆《がしんしょうたん》」を合言葉とする新たな戦争に向けての出発点として位置づけられることとなった。他方、朝鮮に独立を与え、東洋に平和をもたらすはずだった日清戦争において日本が領土拡大をめざす帝国主義的行動をとったことは、国家による戦争そのものへの疑念や軍備拡張による「武装的平和論」への反省を呼び起こすものでもあった。国内において、何よりも明らかな戦後の現象として浮かび上がってきたのは、戦場や工場に動員された人々の処遇や軍備拡張のための租税増徴などの社会問題であった。

そして、「日清戦争終結を告げて、社会運動の舞台は開かれぬ。いわく企業熱の勃興、いわく大工業の新建設、賃金労働者の激増、しかしていわく軍備拡張、いわく租税増徴、いわく物価の騰貴、いわく細民労働者の困窮。労働問題は世に喧伝《けんでん》せらるるに至れり、社会問題は識者の意を注ぐ所となれり」(石川三四郎編『日本社会主義史』一九〇七年)と指摘されていたように、社会問題の噴出はそれに対処する組織の発生を促した。日清戦争後には桑田熊蔵らによる社会政策学会(一八九七年四月)や樽井藤吉らによる社会問題研究会(一八九七年四月)が設立されたほか、日本最初の本格的労働組合としての鉄工組合の結成（一八九七年七月）などが相次ぐこととなり、普通選挙運動も始まっていた。

こうした動きのなかから安部磯雄・片山潜・幸徳秋水らの社会主義研究会の設立（一八九八年一〇月）によって社会主義研究も本格化し、一九〇一年五月には安部・片山・幸徳のほか木下尚江・河上清・西川光二郎らによって社会民主党が組織されることとなったのである。

**社会民主党の軍備全廃綱領**

社会民主党は「純然たる社会主義と民主主義に依り、貧富の懸隔を打破して全世界に平和主義の勝利を得せしめん」ことを目的として結成されたが、その将来目標である「理想綱領」には「万国の平和を来すためには、先ず軍備を全廃すること」が重要課題に掲げられていた。

そして、その目標に至るための実際的行動の指針となる「行動綱領」の説明では、「戦争は素《もと》、これ野蛮の遺風にして、明《あきらか》に文明主義と反対す。もし軍備を拡張して一朝外国と衝突するあらんか、その結果や実に恐るべきものあり。我にして幸いに勝利を得るも、軍人はその功を恃《たの》みて専横に陥り、終《つい》に武断政治を行うに至るべし。これ古今の歴史に照らして明なる所なりとす。もし不幸にして敗戦の国とならんか、その惨状もとより多言を要するまでもなし。兵は凶器なりとは古人も已《すで》にこれを言えり。今日のごとく万国その利害の関係を密にせるに当り、一朝剣戟《けんげき》を交え弾丸を飛ばすことあらば、その害の大なる得て計るべからず。ここにおいてか我党は軍備を縮小して漸次全滅に至らんことを期するなり」として軍備撤廃・戦争廃止を政党綱領として初めて訴えたのである。ここで述べられた戦勝後の社会の推移は、日清・日露戦争、そして第一次世界大戦後の結末を知っている現在からみれば、見通しを誤っていなかったことは明らかであろう。

この社会民主党の綱領は、「最大限綱領」と「最小限綱領」からなるドイツ社会民主党の一八九一年制定エルフルト綱領にならって「理想綱領」と「行動綱領」で構成され、「行動綱領」には、重要事項に関して「一般人民に対して直接投票」をおこなうことのほか、普通選挙法の実施、死刑の全廃、治安警察法廃止、貴族院の廃止など二八項目が掲げられていた。このような天皇制否定にもつながりかねない綱領が『万朝報《よろずちょうほう》』『報知新聞』『毎日新聞』や『労働世界』などの新聞や雑誌などに掲載されると、人々は「晴天に霹靂《へきれき》を聞けるがごとく、驚きの眼を開いてこれを迎えた」(前出、石川『日本社会主義史』)という。

この綱領が印刷所に入る前、所轄の警察署長が安部を訪れ、綱領中の軍備撤廃(縮小)、一般人民投票制、貴族院廃止の三項目を削除するならば、結党を許可するとの政府の内意を伝えたが、安部は「あくまで理想主義で進む決心であったから、これらの三ヶ条を削除することは卑怯の行為であると考え、断然これを拒絶」(安部「明治三十四年の社会民主党」『社会科学』第四巻一号、一九二八年二月)したという。このため、予告通りに治安警察法違反として即日結社禁止の処分を受けることになったのである。

こうして軍備撤廃を明確に綱領に掲げた社会民主党は、結党と同時に解散を命じられた。そのため、運動として浸透するには至らなかったものの、社会民主党に集まった安部磯雄らは社会主義協会を再結成し、その後も非戦講演会などで軍備全廃を説いていった。

丸山幹治

田中正造

## 丸山幹治の武装的平和否定論

しかし、社会民主党は圧殺されていったものの、日清戦争の勝利にもかかわらず、いやその勝利ゆえに、さらなる軍備増強によって統治地域を拡張しようとする政府の動きに対する反対論はさまざまな立場から発せられ、抑えることはできなくなっていた。政治学者・丸山眞男の父である丸山幹治（一八八〇－一九五五年）は、平和を維持するためにこそ充実した軍備が不可欠であるという、いつの時代にあっても変わらない「平和のための武装」「武装的平和《アームド・ピース》」論に対して、「戦争と言い、武装的平和と言うもの、生産的人民を駆りて不生産的軍隊を組織せしめ、これを養うに国民の生産力をもってするものなれば取りも直さず二重に不生産的なりと言わざるべからず」（「武装的平和の弊を論じて戦争に及ぶ」『日本人』第四一七－四一九号、一九〇一年九－一〇月）、「それ人を殺すは疑いもなく罪悪なり、されど国家はいかなる正しき権利ありてその殺人の挙をあえてするか。軍隊は国家の殺人罪を行う機関にあらざるか」として、組織的殺人を拡大することになる武装的平和論への鋭い批判を発している。

丸山は「常備軍は常に一国腐敗の発源所たるは疑うべからず」として、軍隊そのものが国家の存立にとっていかに害悪を及ぼすものであるかをフランスのドレフュス事件を引いて論じ、武装的平和が国家を蝕んでいく弊害を指摘したうえで、それが国際関係の変化を無視したものであると説く。丸山によればカントが『永久平和について』を書いて以降、「歴史は人間が次第に戦争を避けて平和を求めつつあることを証明」しているとして、赤十字をはじめ万国郵便同盟や国際衛生委員会などの国際行政機構の整備の事例、一九世紀中に仲裁裁判によって五〇にもおよぶ国際紛争が解決したこと、またハーグ平和会議などの例をあげている。こうして徐々にではあれ、世界平和の理想に進みつつあり、カントの議論もユートピアではなくなってきている時点において、日本が軍備に固執するのは、人間社会を永久に修羅の巷《ちまた》にとどめ、世界を妄執の境に置くものだと丸山は厳しく批判していた。

この主張が国権拡張を基調としていた雑誌『日本人』に掲載されたという事実自体に、日露開戦に向けた軍備拡張への反対意見の広がりをみることができるし、そうであったからこそ一九〇三年八月、『日本人』誌上に幸徳秋水が「非戦論」を掲げるという事態も生まれることになったのである。

### 理想団と田中正造の無戦主義

こうした軍備撤廃論が現れていた一九〇一年七月、中江兆民が期待をかけた幸徳秋水や内村鑑三、堺利彦らが結成した理想団による「平和なる檄文」が『万朝報』に掲げられた。一二日には「理想の日本、我はその来たらんために働かんかな、今はどうでも宜い、今は逆臣といわれても国賊といわれても宜しい」（「我が日本の理想」）と断言する内村鑑三の呼びかけが載せられ、それに応じる賛同者の声が陸続として理想団に寄せられた。理想団は「終局の理想は平和」であることを唱えてトルストイの平和思想を紹介したほか、その理想実現の手段として普通選挙運動にも積極的にかかわっていった。また、社会問題の解決にも意欲を示し、足尾鉱毒事件に対する世論喚起や鉱毒地視察支援などをおこなったが、そのなかで足尾鉱毒事件解決に粉骨砕身していた田中正造（一八四一―一九一三年）が出す天皇直訴文の原文を幸徳が執筆するという交わりが生まれたのである。

田中正造は衆議院議員として足尾鉱毒問題の解決を政府に迫ったが、一九〇〇年二月被害農民が請願の途上、凶徒嘯聚《しょうしゅう》罪で五一名が逮捕・起訴された川俣事件などへの対応に抗議して議員を辞任、一九〇一年一二月にほかに方策がないとして天皇への直訴を試みたものの果たすことができなかった。この当時、幸徳に対して田中は必ずしも思想的に全面的に同意していたわけではなかったが、軍備撤廃や戦争放棄という問題についてはむしろ幸徳に先んじていたともいえる。

幸徳が非戦論を明確に打ち出すのは一九〇三年八月になってからであるが、正造は「世界海陸軍全廃論は、正造、神の摂理によりて去る三十五（一九〇二）年入獄四十一日に及べり。この時聖書を通読するの時、軍備の不可なるを確信してより、静岡・東京・栃木、一府二県中において五回に及んで同一確信を演《の》べたり」（「海陸軍全廃」一九一三年三月三一日）とあるように、キリスト者としての立場から、一九〇二年ごろから世界海陸軍全廃論を説き勧めていたという。

そして、日露開戦前にも「鉱毒問題は対露問題の先決問題なり。……理想は非戦なり」（一九〇三年一

○月二六日、日記）と開戦に反対し、日露開戦後の一九〇四年四月六日の原田定助宛書簡では「正造は今日といえども非戦論者なり。倍々《ますます》非戦論者の絶対なるものなり。然れども同胞の、海外に暴勢の下、国法上の出兵あり、なんぞその悲惨なる」と書いていた。さらに「畢竟《ひっきょう》小生の主義は無戦論にて、世界各国皆海陸軍全廃を希望し、かつ祈るものに候。ただ人類は平和の戦争こそ常に奮闘すべきもの。もしこれを怠り、もしくは油断せば、終に殺伐戦争に至るものならん。誠に残念に候」（一九〇四年九月九日、佐藤良太郎長女宛書簡）として、自らの立場を「無戦主義」と定め、軍備全廃に向けた平和のために戦いにおいて奮闘すべきことを自他に課していたのである。

それでは「無戦主義」と「人類の平和の戦争」とはいかなる関係に立つのであろうか。正造は一九一一年六月の日記で次のように説いている。

対立、戦うべし。政府の存在せる間は政府と戦うべし。敵国襲え来らば戦うべし。人侵さば戦うべし。その戦うに道あり。腕力殺伐を以てせるにと、天理によりて広く教えて勝つものとの二の大別あり。予はこの天理によりて戦うものにて、斃れても止まざるは我が道なり。……道は二途あり。殺伐を以てせるを野獣の戦とし、天理を以てせるを人類とす。人類は天理を以てせるものなり。野獣言語少なし。意思の通ぜざるより腕力により是非を決す。人は人語を解せり。人語の人類として何を苦んで腕力を以てせるものなるか。恰《あた》かも野獣の争いに同じ。人と野獣の区別なかるべからず。今の世の人類にして、人の行いを学ばず努めず、互いに人にして獣を学べり。以て殺伐を事とす。

世に非戦を唱うるものあれども、戦うの心なきものは常に食わるるのみ。

正造自身が、この平和のために人語をもって戦うという「無戦主義」によって軍備撤廃論を説き続けたことは、静岡県掛川で百余人との会合において「世界海陸軍を全廃すべし、この他は云わず」という一九一二年二月一五日の日記などからもうかがわれる。

正造は鉱毒事件において軍隊が出動し、農民が憲兵や警察から銃剣を差し向けられたことを、一九〇五年一月の第一次ロシア革命における「血の日曜日事件」と重ねて捉えていた。そして、「勲章もサーベルも、早晩必ず起こるべき天地の大転覆と共に無用の長物となるべし」（荒畑寒村『谷中村滅亡史』一九〇七年）と、軍隊と軍備が廃絶される日が必ず来ることを確信していたという。

## 3　非戦論の奔流――世紀転換期のなかで

### 平民社の軍備撤廃・戦争廃止論

「日清戦争は仁義の師だとか、膺懲《ようちょう》の軍だとか、よほど立派な名義であった。しかもこれがために我国民は何ほどの利益恩沢に浴したのであるか、数千の無邪気なる百姓の子、労働者の子は、命を鋒鏑《ほうてき》（刀と矢、武器）に落して、多くの子を失うの父母、夫を失うの妻を生じて、しかして齎《もたら》しえたり、伊藤博文の大勲位侯爵、陸軍将校の腐敗、御用商人の暴富である」（『日本人』第一九二号、一九〇三年八月五日）。幸徳秋水はこのように述べて、自らの「非戦論」を本格的に展開していく口火をきった。

すでに述べたように、華々しい戦勝と讃えられた日清戦争も、熱狂が冷めるとともに戦争の大義名分とそれがもたらした結果についての巨大なギャップについての認識が国民の間に共有されるようになり、そこに非戦論が受け入れられる基盤が生まれつつあった。しかし同時に、国民に対してはメディアを通じて、日清戦争の悲惨さよりも三国干渉で戦利品を奪われた屈辱感をはらすためには、軍備拡張の増税負担にも耐えなければならないという意識の刷り込みが進んでいたことも見逃すことはできない。そして、カントが『永久平和について』で指摘していたように、常備軍を維持するための長期的財政負担は、「賭け」であっても直接的な交戦によって決着をつける方向へと国民心理を導いていくことになる。

安部磯雄は日露開戦の声が高まりつつあった一九〇三年九月、開戦論は日本の世論を代表してはいないとして「多数の国民は必ず熱心に非戦論を唱うるに相違ない。何となれば戦争のために利益を得るものは少数であって、多数のものは必ず大なる損亡を招くからである」（「吾人は露国と戦ふべきか」『六合雑誌』）と論じていたが、国民の多数は次第に主戦論を説く『国民新聞』などの主要メディアに同調していったことも否定できない。

そうした論調に拍車をかけたのは北清事変後、満洲に駐留していたロシア軍が撤兵しないことへの脅威が日々に高まっているという事態であった。三国干渉を主導したこととも相まって、ロシアへの反感は増幅されて軍備拡張論に拍車がかかり、六月には戸水寛人《とみずひろんど》などの東京大学七博士が「今日満洲問題を解決せざれば朝鮮空《むな》しかるべし、朝鮮空しければ、日本の防衛は得て望むべからず……最後の大決心をもって極東の平和を永久に保持するの大計画を策せられんことを」という建議書を政府に提出するなど、主戦論は抗しがたい流れとなっていった。そのため「吾人は世界の同志と共に声を合わして戦争の非議を叫び、万国軍備の廃滅を唱うるものなり」(「戦争人種」『毎日新聞』一九〇三年五月一一日)といった木下尚江の論説を載せていた『毎日新聞』も一一月には開戦論に転じ、内村鑑三、堺利彦、幸徳秋水らが日露開戦反対の論陣を張っていた『万朝報』も一〇月には開戦論に転じていった。このため内村らは万朝報を退社、堺や幸徳らは平民社を設立して一一月に週刊『平民新聞』を創刊、内村は『神戸クロニクル』への寄稿や自らが主宰する日本初の聖書研究月刊誌『聖書之研究』(一九〇〇年創刊)などによって非戦論を展開していくことになった。

そして、幸徳や堺は『平民新聞』創刊号に平民社として宣言を掲げたが、そこでは平民主義、社会主義と並んで平和主義を三大要義とし、「吾人は人類をして博愛の道を尽さしめんがために平和主義を唱導す。ゆえに人類の区別、政体の異同を問わず、世界を挙げて軍備を撤廃し、戦争を禁絶せんことを期す」と軍備撤廃・戦争禁絶を達成することを訴えたのである。さらに平民社と共同歩調をとる安部磯雄らは社会主義協会において、非戦論大演説会、非戦婦人演説会などを開催していた。しかし、一九〇四年一一月には社会主義協会に結社禁止命令が出され、たびたび発行禁止処分にあった『平民新聞』も一九〇五年一月には廃刊に追い込まれることになった。*

この間、『平民新聞』は『ロンドンタイムズ』一九〇四年六月二七日に掲載されたトルストイの非戦論である「汝、悔い改めよ Bethink Thyself」を、八月七日発行の第三九号に「トルストイ翁の日露戦争論」として全文訳出していた。しかし、思想的には同調せず、次号で「悔い改めよと叫ぶこと、幾千万年なるも、若しその生活の状態を変じて衣食を足らしむるに非ずんば、その相食み相摶《う》つ、依然として今日の如《ごと》けんのみ」(「トルストイ翁の非戦論を評す」八月一四日)として「現時の資本家制度を転覆して、社会主義的制度を以てこれに代へざるべからず」と自らの非戦論との違いを明らかにしている。

幸徳秋水は『廿世紀之怪物　帝国主義』(一九〇一年)や『社会主義神髄』(一九〇三年)を刊行していたが、それらによれば近代の対外戦争は、生産手段の私有や市場の拡大に利益を見いだす資本家やその

＊『平民新聞』は発行部数こそ三千部程度であったが、その思想を普及させるための懇親会や懇談会が、全国に組織された点で特徴がある。神戸、高知、京都・丹後峰山や千葉・北総などには平民倶楽部が結成されて、『平民新聞』の会読を中心に談話会、演説会などが定期的に開催されていた。横浜には平民結社茶話会、大阪市、福岡市、長野県神川村、飛騨高山、水戸、栃木県足利などには平民新聞読者会、岡山にはいろは倶楽部、静岡・掛川には遠陽同志楽談会、名古屋には愛読者茶話会が、北海道では函館・小樽・札幌・室蘭などに平民新聞読者会が結成されている。これらの会合には警察官による臨検がおこなわれており、韓国の仁川にも読者会が組織されていたとの記事がある。のちに大逆事件に連座して死刑となった曹洞宗禅僧の内山愚童は、箱根大平台の居宅を夏期平民社倶楽部として開放していた。また、『小樽新聞』には、『平民新聞』から「トルストイ伯の非戦論」などが社会部長・碧川企救男(みどりかわきくお)によって転載され、碧川自身も戦争中一貫して日露戦争を激越に批判し続けていた。こうした全国的な活動によって非戦論は、一部の社会主義者にとどまらない広がりをもって浸透していったのである。

代弁者としての政府が軍国主義政策を採って、労働者階級を犠牲にしておこなうものと解釈された。そして、労働者階級の犠牲を自らの意思による自発的な行為と錯覚させるために、愛国主義が重用されることになったと論じたのである。

さらに一九世紀後半以降、資本主義生産に特有な過剰生産の結果が市場の争奪、軍備拡張となって帝国主義国家間の戦争が必然的なものになっていったが、こうした帝国主義戦争を止めさせるためには、国内における資本主義体制を変革して社会主義体制に移行させ、富の平等な分配をおこなうしかないという議論が導かれていた。ここからは戦争を革命へと転化させるというレーニンらの革命戦略が発想されるが、この段階の幸徳においては革命の担い手として労働者階級は想定されておらず、「起て、世界人類の平和を愛し、幸福を重んじ、進歩を希《ねが》うの志士、仁人は起て」（『社会主義神髄』）というにとどまっていた。

こうした社会主義的な戦争観に対しては、資本主義は拡張することによって利益を見いだすという本質において帝国主義的な戦争による摩擦やコストを避ける傾向をもつものであり、世界的に自由な資本の活動が保障されるならば、むしろ戦争を回避することに作用するといった経済学者シュンペーターなどの反論を想起することも必要であろう。しかし、そのような議論の対立は当時の日本ではみられず、非戦論は、トルストイ精神に沿うような形で提起され、それによって昭和に至るまで大きな影響力をもちえたのである。

そのことがまた反「非戦論」者にとって、非戦論の宗教性や観念性を攻撃する論拠ともなっていた。

加藤弘之は「仏基両教の急処を衝《つ》く」（『太陽』一八九九年）において、国民が宗教的な「愛敵の精神」という誤った思想に浸されていけば国を守る兵士はなくなり、国家は自ら滅んでしまうとして、トルストイ思想やクエーカー教徒の非戦論を排撃していた。また、山路《やまじ》愛山《あいざん》は「余輩はしか有ることと、しか有るべきこととを区別せざるべからず……トルストイあるがために世界はその武装を解かず」（「余が所謂愛国主義」『独立評論』一九〇三年）として、思想は世界を変ええないことを強調し、思想家としては自己否定につながる言説をもって非戦論を非難したのである。

## 安部磯雄の非戦論と小国主義

こうした非戦論と反非戦論とが拮抗していくなかで、ある意味で挑発的な非戦論をあえて提起したのがキリスト教社会主義者の安部《あべ》磯雄《いそお》（一八六五－一九四九年）であった。安部は日露の対決が必至とみられるようになった一九〇三年一〇月、会長を務めていた社会主義協会主催の非戦演説会で「世界の平和境スイスについて」と題して講演をおこない、「もし平和が人道であるならば、平和を世界的に宣言して、それがため一国が滅んでも、何ら悔いるには及ばないではないか」と訴えている。安部の非戦論は、幸徳秋水らが主張した社会主義的改革によってのみ戦争廃止が可能となるとみた非戦論とは異なり、あくまでも絶対無抵抗主義を主張するものであった。

さらに日露戦争中の一九〇四年五月、「わが国民が日露戦争に熱中する当たり、殊にこの一小冊を公にしてわが親愛なる同胞に献ず」という『地上の理想国瑞西《スイス》』を平民社から平民文庫の一冊として刊行した。安部は「四大国の間に介立せる我日本は軍神としてよりも寧《むし》ろ天使として東洋の平和を来すべき天職を有しているのではないか」と述べ、対外的には中立・平和主義、対内的には自治制を強化し民主主義を徹底することによって「東洋のスイス」となるべきことを勧めている。それは大国に囲まれた国際的環境が類似している小国スイスこそ日本が模範とすべき国であり、軍事大国をめざすことは国民に負担と死を強制するだけであるとみていたためであった。非戦論を採る以上、いかにして国防が可能となるのかという反論が起こることは必至である。安部はスイスの国防が中立国という国際協調のなかで可能となっていること、常備軍を廃止し民兵制度を採っているものの、外国軍に参加することを禁じ、また士官や兵士に対する外国からの勲章や謝金など一切の贈り物を禁止することを憲法で定めており、外国軍とはかかわりを断つことの重要性などを指摘していた。*

このように軍備を撤廃することは、国力を軍事力でみるかぎりで当然に小国・弱国として、それまで日本が国是としてきた富国強兵を否定することになる。軍備撤廃を掲げる平民社が小国であることに誇りをもつべきだと主張したのもまた必然であった。『平民新聞』が「小日本なる哉」との論説を掲げ、「人民の幸福のために一日も早く軍隊の廃止を希望す。軍備を撤して国境なるものを無意味となし、一方において教育の機関、交通の機関および娯楽の機関等はこれを世界共用となすと共に、他方において人民をして一地方ずつ団結して真の自治制を行わしめんと欲す」(『平民新聞』第一〇号、一九〇四年一月一七日)として、軍事大国ではなくスイスやデンマークのような小国をめざすことを訴えたのもこのためであった。「真の自治制」を要求したのは、軍隊の力によって秩序の維持をはかることを防ぐためであり、住民の徳義を支柱とする政治をおこなうことによって軍事力を背景とした権力も無用となるとみたからである。そして、軍隊もなく国境もないことによって国家自体が世界の共有物となれば、日本は「他の小国と協議して平和の主張者」として「吾人の理想が全く世界に実現さるるの日を来たらしめんと欲す」と記していたのである。

このような小国主義・弱国主義が軍備撤廃論とともに唱えられたのが日露戦争時の特徴でもあり、同様の議論は一九三四年に亡くなるまで『上毛教界月報』を拠点に非戦論を説き続けた柏木義円《ぎえん》にもみられる。柏木は一九〇三年、一三個師団と二五万トンの軍艦という「不生産的の大道具」を維持するために膨大な国費を使用していることを非難し、ニュージーランドやスイスのような弱国であっても「自由と平和を享受する和楽の国」こそが望ましい国家であり、日本も「自由なく幸福なき強国か、自由あり幸福ある弱国か」の選択が今こそ迫られており、国家百年の長計として「徹頭徹尾弱国主義」を採ることを主張してやまなかった。

そして、このような小国主義・弱国主義の主唱者でもあったのが内村鑑三であり、国家の偉大さは軍

＊一九四九年三月、マッカーサーが英国紙『デイリー・メール』論説主幹プライスに対して「日本は太平洋のスイスになれ」と勧めたことが報道され、日本を「東洋のスイス」として永世中立国にするという議論が一時盛んになった。これは東西冷戦のなかで、日本が中立的立場を採りつつ常備軍をもたない国家体制のあり方を示すものであった。しかし、翌年、朝鮮戦争の勃発とともにマッカーサーは一転して警察予備隊の設置など再軍備化を指令し、これに対抗するために「東洋のスイス」が唱えられるという逆転した構図となった。

安部磯雄

内村鑑三

事力や経済力で決まるのではないと考え、『デンマルク国の話』（一九一三年）でデンマークを日本が模範とすべき国として紹介していた。内村はそこで、「戦敗かならずしも不幸にあらざることを教えます。国は戦争に負けても亡びません。実に戦争に勝って亡びた国は歴史上けっして尠《すくな》くないのであります。国の興亡は戦争の勝敗によりません、その民の平素の修養によります。善き宗教、善き道徳、善き精神ありて国は戦争に負けても衰えません。否《いな》、その正反対が事実であります。牢固《ろうこ》たる精神ありて戦敗はかえって善き刺激となりて不幸の民を興します。デンマルクは実にその善き実例であります」と強調していた。内村が「戦争に勝って亡びた国は歴史上けっして少なくない」ことを、あえて述べた背景には、日露の戦勝によって韓国を併合し大国となりつつあった日本の姿があったに違いない。

少なくとも、それが日清・日露の両戦争に勝利し、その勝利に酔いしれてなお軍備の増強をはかろうとしていた人々に対する警告を含んでいたことは、「戦勝国の戦後の経営はどんなつまらない政治家にもできます、国威宣揚にともなう事業の発展はどんなつまらない実業家にもできます、難いのは戦敗国の戦後の経営であります、国運衰退のときにおける事業の発展であります。戦いに敗れて精神に敗れない民が真に偉大なる民であります」と述べていることからもうかがえるであろう。戦勝がいつかは必ず敗戦へと至ることを確信する内村の目には、戦いに勝って精神に敗れた民の国として日本が映じていたのであろうか。

## 内村鑑三の戦争絶対廃止論

内村鑑三は非戦論の代表的主唱者として今日では知られている。しかし、キリスト者として歩み始めたときから非戦論者であったわけではなかった。それどころか内村もまた「日清戦争は吾人にとりては実に義戦なり」「吾人は永久の平和を目的として戦う」（「日清戦争の義 Justification of the Corean War」『国民之友』一八九四年九月）と述べるなど、日清戦争を文明のための戦争、平和のための戦争として正当化し、戦争熱を煽った一人であった。

そして、日清戦争に賭けた情熱が強烈であっただけ、その戦勝の結果がもたらした現実に対する幻滅と憤激は、より激しく内村を内面から突き動かしていった。日清戦争の実態が掠奪戦争に化していく現実をみながら、戦争に「正義の戦争」と「不義の戦争」とがあるかのごとき言説を吐いた自分を恥じていた内村は、戦勝の結果として「その目的たりし朝鮮の独立はこれがために強められずしてかえって弱められ、支那分割の端緒は開かれ、日本国民の分担は非常に増加され、その道徳は非常に堕落し、東洋全体を危殆の地位にまで持ち来たったではないか」（「戦争廃止論」『万朝報』一九〇三年六月三〇日）という事実を直視することを通じて、戦争の根本的批判へと転じていった。

内村はこうして日露戦争開戦の八カ月前に「余は日露非開戦論者であるばかりでない、戦争絶対的廃止論者である、戦争は人を殺すことである。そうして人を殺すことは大罪悪である、そうして大罪悪を犯して個人も国家も永久に利益を収め得ようはずはない」として、あらゆる戦争に反対する戦争絶対的廃止論を主張するに至っていた。もちろん、内村も直面する現実を無視しているのではない。だからこそ、「サーベルが政権を握る今日の日本において、余の戦争廃止論が直ちにおこなわれようとは、余といえども望まない。しかしながら、戦争廃止論は今や文明国の識者の世論となりつつある。そうして戦争廃止の声のあがらないのは未開国である。しかり、野蛮国である。……世の正義と人道と国家とを愛する者よ、来たって大胆にこの主義に賛成せよ」と訴えていたのである。

こうした内村の非戦論に対しては、日露戦争を支持するキリスト教界から激しい批判がなされたが、有力な指導者であった海老名《えびな》弾正《だんじょう》も「今や日本は軍国多難の時機、一国を挙げて戦争に熱中するの時に際し、大胆にも一派の論者は堂々として非戦主義を唱導しつつあるを見る、これ奇観なり。……最も公平なる眼光をもって先ず旧約聖書を繙《ひもと》き来たらば、何人といえどもこれが明らかに戦争を是認するものなるを認めざるを得ざるべし」(「聖書の戦争主義」『新人』一九〇四年四月)として聖書によって戦争を是認し、内村を聖書に基づかない背教者のごとくに非難したのである。これに対し、内村も聖書の言葉を引いて戦争を鼓舞するかのような教会を「呪われたる教会」と激しく批判したが、孤絶の度はますます深まっていった。

そうしたキリスト者をも含んで戦われた日露戦争が勝利に終わったとき、内村が期待したような軍備撤廃の声があがることはなかった。戦勝の結果として獲得した新領土としての朝鮮や中国の関東州を維持していくためには、より強大な軍事力が必要となるとみなされたからである。内村は改めて戦勝が新たな戦争を生むという真実を確信する。戦争を止めるための戦争、平和のための戦争として戦われた戦争が、はたしてその目的を達成したのか。内村は日清・日露の戦争の結末を省みていう。

戦争は戦争を止めるためだと言います。……しかしながら戦争は実際戦争を止めません。否、戦争は戦争を作ります。……戦争によって兵備は少しも減ぜられません。否、戦争終わるごとに軍備はますます拡張されます。……戦争は戦争のために戦われるのでありまして、平和のための戦争などは曾て一回もあったことはありません。日清戦争はその名は東洋平和のためでありました。しかるにこの戦争はさらにさらに大なる日露戦争を生みました。日露戦争もまたその名は東洋平和のためでありました。しかしこれまたさらにさらに大なる東洋平和のための戦争を生むのであろうと思います。戦争は飽き足らざる野獣であります。(「日露戦争より余が受けし利益」一九〇五年一一月)

内村の予言の通り、九年後の一九一四年、第一次世界大戦が勃発すると、日本は「日英同盟の情誼《じょうぎ》」を理由に参戦することになる。

内村はまた日露戦争後の東アジアへの進出をみながら、「剣を抜くための機会はまた新にわが国に供されました。我らの子弟が満洲においてではなく、今度はインドやアフガニスタンの国境において血を流さざるを得ない恐るべき時が来るかもしれません」（「平和来る」一九〇五年）と述べていた。そして、三九年後、その予想は現実のものとなり、インド侵攻をはかったインパール作戦では作戦参加者約一〇万人のうち死者三万人、戦傷病者四万五千人のほか多数の餓死者を出している。

だが、内村の予言が一度で終わらず、世紀を越えて再び現実のものとならないという保障は、どこにもないのである。

**非戦論の伏流化**

さて日露戦争の戦勝は、その戦争遂行に反対した非戦論への激しい反発を生み出すことになった。『平民新聞』の後継誌であった『直言』はポーツマス条約反対運動に対する戒厳令施行に抗議する論説を掲げたために、無期限の発行停止処分を受け、日露戦争中に監獄につながれていた平民社社員は解放されたものの経営続行は不可能となり、一九〇五年一〇月には平民社解散式がおこなわれた。そして、社会主義思想への政府の弾圧は、日々に強まり、一九一〇年の大逆事件において幸徳秋水をはじめ各地の社会主義者やアナーキストが逮捕され、秘密裁判によって幸徳ら一二名が死刑に処せられた。

こうして始まった大逆事件後の社会主義の「冬の時代」にあって、社会主義は非国民、国賊のレッテルを貼られて、言論の自由どころか生活の基盤さえ脅かされることになった。

社会主義運動の旗頭であった片山潜は一九一四年夏、日本では警察の監視や雇い主への脅迫などによって生活を維持することさえ絶望的であるとしてアメリカへ逃れ、そして幸徳秋水らと平民社において鋭い論陣を張った石川三四郎はフランスへ逃れることを余儀なくされていた。

このような窮境のなかにあって、幸徳らの後を受けて社会主義思想を担った大杉栄、荒畑寒村らは平民社の素志を継ぐべく、第一次世界大戦への日本参戦から二カ月後の一九一四年一〇月、月刊『平民新聞』を刊行した。しかし、「平民階級の吸血鬼たる軍備拡張!」などを掲載した同誌は、「秩序紊乱《びんらん》」として第四号を除き毎号が発行禁止処分とされ、第六号をもって廃刊に追い込まれていった。第一次世界大戦中、「非戦論者は国民中の極めて小部分であり、政府からはあらゆる暴虐と迫害を受け、他の大部分の国民からは非国民扱いされたものであった」(「所謂政府的思想」『近代思想』一九一五年一一月)のである。

こうして、「大逆事件以来、僕らの政治上および経済上の主張は、全く言論の自由を奪われていた」(大杉栄「最近思想界の動向」『文明批評』一九一八年一月)と大杉がいうように、社会主義者たちが非戦論を公にする機会はなくなり、非戦思想も伏流化せざるをえなかった。

しかし、国際的な思潮に目を転じれば、日本とは逆に国際連帯によって平和を構築していこうとする新たな非戦思想が、「武装的平和」による勢力均衡体制というそれまで揺るぎもしないと思われていた岩盤を突き破って現れ出ようとしていたのである。

# 第5章

# 国際平和への模索
## ――非戦の制度化に向けて

## 戦争の世紀の新たな動き

一九世紀間にいわゆる文明諸国が戦争のために犠牲に供せし人命は総数およそ四千万人、消費せし金額は三千億円なりと云う。もしこの金を以てすれば三万の大学校を起こし、優にこれを維持すべし。あるいは最も困難なる鉄道三十万哩《マイル》を架するを得べし。

(『新希望』第六六号)

これは、日露戦争の終結を目前に控えた一九〇五年八月、内村鑑三が「平和生」という署名によって書いた論説である。一九世紀においていかに多くの人命と財産が戦争のために失われたのかを回顧し、さらに日露戦争において八万一千人の戦死者と三八万一千人の戦傷病者を眼前にした内村は、「最も悪しき平和は、最も善き戦争よりも善くあります」(「平和成る」一九〇五年)として、二〇世紀最初の大規模戦争として戦われた日露戦争後の世界が平和の世紀になることに希望をつないでいた。だが、結果的には、一八世紀から現在に至るまでの戦死者数のうち、九〇%以上が二〇世紀において犠牲者になる

「戦争の世紀」として人類史に記録を残すことになってしまった。

しかしながら、そうした悲惨な世紀であったからこそ、平和への希求もまた切実なものがあり、二〇世紀をして非戦をめざす「平和模索の世紀」として特徴づけることにもなったのである。

その大きな転換点となったのは、第一次世界大戦であったが、すでに一九世紀後半から戦争以外の方法によって国際紛争を解決する試みが始められていた。なぜなら、戦争合違無差別論に基づく国際法の下で採られていた勢力均衡政策は軍備拡張に拍車をかけ、各国ともに多大な財政負担が重くのしかかってきていただけでなく、いつ戦争が起こるかわからないという予測不可能性が国際情勢を常に不安定なものとしていたからである。その打開策としては、国際紛争を仲裁や平和会議によって解決するという方法がまず考えられた。また、戦争合違無差別論と勢力均衡政策のための同盟政策が戦争を引き起こす要因となっている以上、それらと異なる方策が解決手段として追求されることになる。

すなわち、第一に主権国家に戦争の自由を与えている戦争合違無差別論を否定して戦争そのものを違法として禁止すること、第二に複数の主権国家間の集団的自衛のための同盟政策を排して、世界の大多数の国家が相互間での武力行使を禁止する集団安全保障体制を採ること、である。そしてこの第一の方向が「戦争違法化」として国際連盟規約や不戦条約において追求され、第二の方向が集団安全保障体制として国際連盟そして国際連合において組織化されたものであった。

そして、これら二つの潮流の合流点に生まれたのが、戦争放棄・軍備撤廃と国際協調を基軸とする憲法9条にほかならなかったのである。

## 1 国際平和の組織化への胎動

### 国際交流進展のなかで

こうして非戦思想という流れのうえに、「戦争の違法化」と「平和の国際機構化」による「非戦の制度化」に向けて動きはじめたのが、二〇世紀であったが、その流れはすでに一九世紀末から底流において、うねりとなって現れてきていた。

もちろん先述のように、サン・ピエールなどの永久平和論などにみられた紛争仲裁制度を求める国際的な動きは、すでにナポレオン戦争終結とともに始まり、各国の平和協会はアメリカのラッド（W. Ladd）が唱導した「諸国民の議会」によって、紛争を裁定することをめざして一八二八年以降、国際的な活動を展開していた。また、イギリスではミル（J. S. Mill）をはじめとして、コブデンやブライトなどの自由貿易論者によって、議会でもその実現に向けた活動が続けられていた。また、一八四八年からはブリット（E. Burrit）やヴィクトル・ユゴー（Victor Hugo）などによって万国平和会議などが開催されており、これらの動きは北村透谷らの雑誌『平和』などで日本にも紹介されていた。*

また、各国の利害対立のために容易に法典化が進まない国際法の整備とその普及のために、一八七三年には、最初の国際的な法律家の民間団体としてブリュッセルで「国際法の改革および法典化のための協会」が組織され、一八九五年に国際法協会（International Law Association）と改称されたが、今日に至るまで国際理解と国際法の尊重のために活動を続けてきている。また、時を同じくして一八七三年には、ベルギーの法学者ロラン・ジャックマンの斡旋によって文明社会の法的良心を表現するために各国の法学者を集めて国際法学会（Institut de Droit International）が結成され、紛争の平和的解決に向けた国際法諸原則の定式化などの推進にあたり、国際法学会は一九〇四年度ノーベル平和賞を受賞している。国際法学会で作成、採択される諸決議などは公的拘束力をもつものではないが、国際連盟および国際連合においていまなお重視され続けている。

こうした国際的平和を求める運動や法学者の組織化は各国の議員をも動かすこととなって、一八八九年にはイギリスのクリーマー（W. R. Cremer）やフランスのパシー（F. Passy）らの提唱によって世界最初の多国間政治交渉の場として、列国議会同盟（Inter-Parliamentary Union, IPU）が組織されることになった。「平和と諸国民間の協力推進をはかる」ために各国国会議員の個人参加で発足した列国議会同盟は、現在では主権国家の議会の国際組織として一五〇以上の参加国によって構成されている。

このほか、国際的な文化や経済の日常的な交流が進むなかで、諸国民間の通信や交通などの業務の円滑化のために一八六五年には国際電気通信連合（ＩＴＵ）が、一八七四年には万国郵便連合（ＵＰＵ）などが組織され、それぞれの分野での専門機関が次々と設立されていった。このように一九世紀後半には国際法や国際行政などの分野で国際機構や国際組織における進展がはかられていったのである。

## ハーグ平和会議

そして、一八九九年にロシアのニコライ二世の提唱によって開催されたのが、ハーグ平和会議であった。ニコライ二世にこの会議を発想させる契機となったのはブロッホ（Johann Bloch）の『将来の戦争』（一八九七年）における戦争の経済的分析とズットナー（Bertha von Suttner）の非戦小説『武器を棄てよ！』であったといわれている。＊＊とりわけ、ブロッホの分析は、生産力の拡大とともに戦争に使用される武器と物量が飛躍的に増大したために今後の戦争は持久戦にならざるをえない、しかし長期戦のための軍備拡張は過大な財政負担となり、文明国間の戦争は不可能となっていく、つまり「武装的平和《アームド・ピース》」が平和を約束するどころか、国家破綻を招くしかないことを数量的に示したものであった。

＊このような国際的な紛争仲裁機構を設置することによって戦争を回避しようとする構想は、古代ギリシャ以来、間断なく提起されてきた。このうち近代のものとしては、国際紛争に対する調停権限をもつ議会創設を論じたイギリスのクエーカー教徒ウイリアム・ペンの『欧州平和論』(*An Essay towards the Present and Future Peace of Europe*, 1693）や、国際裁判所設立や軍備制限・秘密外交禁止などを訴えたイギリスのジェレミー・ベンサムによる『恒久平和案』(*A Plan for an Universal and Perpetual Peace*, 1789）などがあげられる。透谷らの日本平和会の設立は、このクエーカー教による仲裁運動の一環であった。

＊＊ブロッホの議論は、平民社の非戦論の論拠ともなったものであり、『平民新聞』第一〇号には「ブロッホ氏の戦争論」が掲載され、第二九号の安部磯雄「瑞西と日本」でも触れられている。他方、ズットナーの訴えに応じて一八九一年オーストリア平和会が設立され、以後、ドイツやハンガリーなどでも平和会が設けられた。また、ズットナー主宰の雑誌『武器を棄てよ！ Die Waffen nieder!』で国際的影響を与え、一九〇五年、ズットナーはノーベル平和賞を受賞している。なお、ズットナーの非戦小説については、北村透谷らの『平和』誌でも紹介されていた。

ニコライ二世

ブロッホ

ノーマン・エンジェル

第一回ハーグ平和会議は、一八九九年五月一八日から開催されたが、この会議の特筆すべき点は、当時、不平等条約下にあって完全なる主権国家とは認められていなかった日本、中国をはじめ、シャム（現在のタイ）やメキシコなども同等の権限をもって参加したことにある。これは「ヨーロッパ諸国の法」として発展してきた国際法とそれによる国際社会が、新たな段階に入ったこと、そして国際平和を達成するためにはアジアや中南米の諸国がその枠組みに参加する必要性が出てきたことを意味するものであった。*

第一回会議においては「国際紛争平和的処理条約」と「陸戦の法規慣例に関する条約」などの条約のほか、有毒ガスや非人道的銃器使用禁止などについての宣言、そして「世界全人民の重荷となっている軍事負担の制限」に関する決議が採択された。

このうち「国際紛争平和的処理条約」は国家間紛争の仲裁裁判や調停について規定したほか、新たに紛争に関する国際審査委員会や常設仲裁裁判所を設置することとした。** これらは実際に紛争解決に寄与したほか、その後、国際連盟や国際連合における紛争解決制度の基礎とされたものである。

そして、第二回会議は、アメリカのセオドア・ルーズベルト大統領の発議によって一九〇七年六月から開催されたが、そこでは日本の対露開戦に際しての事後宣告が問題となり、開戦手続きを定めた「開戦に関する条約」が締結された。また、ここで締結された「契約上の債権回収のためにする兵力使用制限に関する条約」は、中南米諸国の主張に促されて、債権国が債務を回収するために債務国に対して武力を行使することを禁止し、多国間条約として初めて戦争を制限することによって戦争違法化の端緒となったものである。

そして、二回の会議にわたって整備された「戦時の法規慣例に関する条約」は、武器使用の制限をは

＊五月一八日は、これ以後ハーグ・デーとして世界的に祝われたが、前章で述べた大日本平和協会も、一九〇六年のこの日を期して発足した。また一九九九年には百周年を記念して世界のＮＧＯなど一万人以上を集めてハーグ世界市民平和会議が開催された。会議では「二一世紀の平和と正義をもとめる課題（アジェンダ）」が採択されて「公正な世界秩序のための基本一〇原則」を確認したが、その第一項目で日本の憲法9条をあげて、「各国議会は、日本の憲法9条のように、自国政府が戦争をすることを禁止する決議をすること」としている。

＊＊こうして国際紛争の解決においては、まず仲裁その他の平和的手段を尽くすことが国際的な了解事項となっていったが、国際紛争の解決に仲裁などを要求するという憲法条項をもつものは、少なくなかった。まず、国際紛争を仲裁裁判所などによって解決すべきとしたものに、ベネズエラ（一八六四年、九三年、一九〇四年、〇九年、三一年の各憲法）、サント・ドミンゴ（一八八〇年、九六年、一九〇八、二九年の各憲法）、ウルグアイの一九一七年憲法、ブラジルの一八九一年憲法などがあり、ヨーロッパでもポルトガルの一九一一年および三三年の憲法において、仲裁による解決が成功しなかったと議会が認定した場合のみ、開戦を執行機関に許すこととしていた。さらに一九二二年のオランダ憲法、一九三一年のスペイン憲法も同旨の条項が規定されていた。

じめ、無防備都市に対する無差別攻撃禁止など戦争被害の最小化をめざした。加えて、占領地における現行法の尊重の規定などを盛り込み、第二次世界大戦後の日本占領期の連合国を規制していたものとして、日本国憲法の制定にも重要な意味をもつものであった（↓243頁）。

これら二回にわたる平和会議のうち第二回会議は、ホンジュラスとコスタリカを除くラテン・アメリカ諸国を含め、当時のすべての国家にあたる四四カ国が会議に加わり、世界史上初めて世界の大多数の国家が主権平等の原則に則って条約の採択に成功し、それによって国際法の法典化が推進されたという意味で、画期的意義をもつものである。

しかしながら、平和会議による国際協調が当初は軍備縮小をめざしたものでありながら、最終的には合意を得なかったため、主権国家間の勢力均衡をはかるという武装的平和の枠組みを出ないのではないかといった批判も少なくなかった。何よりも、平和会議を提唱したニコライ二世自身が日露戦争を回避しようとしなかったことは平和会議の実効性を疑わせるものでもあり、とりわけ交戦国となった日本では平和会議への不信感を生んだことは否定できない。しかしながら、いかに不十分であったにせよ、その試みの画期性について日本でも注目していた人が少なくなかった。

### 日本での仲裁制度と平和会議への眼差し

日本における非戦思想が、キリスト教や社会主義による観念的主張であるという批判は、日露戦争時に盛んに発せられたものであったが、北村透谷らの日本平和会のみならず、国際仲裁制度などの実現手段について論及する者がいなかったわけではない。

例えば内村鑑三は、自らの主張する非戦論を実現するには、手段として、平和協会と国際仲裁裁判が必要であると注意を促していたのである。すなわち、文明国に必ずあるはずの平和協会が日本にないことを指摘し、「平和協会とは、単に平和を主張するための協会ではない。これは軍備撤廃、戦争絶対的廃止を目的とする志士仁人の会合である。かかる目的をもってユートピア的の夢想であると信ずる者は、いまだ平和協会が今日までなし来た事業の範囲を知らない者である。……諸列強を駆ってヘーグの平和会議を開かしむるまでに至った。理想を説くことは決して無益ではない。説かれざる理想の事実となって顕わるる時はない」(「平和協会の設立を望む」『万朝報』一九〇三年九月)としてハーグ平和会議が長年にわたる軍備撤廃、戦争絶対的廃止を目的としてきた運動の成果であることを強調していた。

また、国際仲裁裁判についても「平和主義、一名非戦主義、これは何にも今日ただちに兵役を拒み、軍事に反対するということではない。平和主義は戦争の非理と損害とを唱え、万国共同してこれを廃止し、これに代うるに仲裁裁判制度を以てせんとすること、是《これ》である。そうしてこの目的を達せんために世界有識者の世論を喚起し、各その政府に迫りて、戦争に由ることなくしてすべての国際的紛擾《ふんじょう》を決せしめんとすることである」(「平和主義の意義」一九〇五年八月一〇日)と述べて、非戦思想を制度的に実現していく手段が仲裁裁判による戦争廃止にあるとの見解を示し、その起源をオランダの法学者グロティウスに求めていたのである。

また、田中正造は第二回ハーグ平和会議に際して、このときこそ軍備全廃の好機であると政府に説き勧めるべく上京し、現在の最高裁判所長官にあたる大審院長や貴族院議員などを務めた三好退蔵を訪ねている。田中は、日露戦争の「大勝利という好機会に乗じて、日本が世界の前に素裸になる。海陸軍の全廃だ。これが弱小国の口から出るのでは、折角の軍備全廃論も力が無いが、大戦勝の日本は軍備全廃を主唱する責任がある。否や、権利がある。この機会を逸してはならない」（田中談「陸海軍全廃」一九〇八年四月五日）と考えたのである。もちろん、ハーグ平和会議は軍備廃棄のための会議としての意義は、ほとんど失われてきていた。しかし、たとえ会議に諮られないとしても、そこに日本が率先垂範《そっせんすいはん》する意義があるのではないか、として次のように述べている。

もし万国平和会議で、日本の主張を拒絶して、軍備全廃を否決したなれば、日本は自分だけで、海陸軍を撤去しなけりゃならないと言うのでがす《(ママ)》。「勝つて兜《かぶと》の緒を締めよ」ということを、世間で一概に軍備を拡張することだと思うのは、大変な誤解で、軍備全廃というのが、ほんとの「勝つて兜の緒を締めよ」だということには何人も気が付かない。

この、世界に先駆けて日本が軍備全廃を実行するという田中の主張こそ、戦勝を好機としてではなく敗戦という機会においてではあったにせよ、憲法9条によって実現したものであることは論をまたないであろう。

さらに、社会主義者の多くがこうした国際仲裁制度や平和会議を「まやかしの坊主主義」（レーニン）として非難するなかで、社会主義協会や平民社などに参加して幸徳秋水らとともに日本の初期社会主義を理論的にリードした田添鉄二《たぞえてつじ》（一八七五－一九〇八年）が、「世界平和の進化」*という連載論文で「万国平和主義者の団結運動に至っては、また有力な世界平和の暗示」するものとして国際平和の進展を見通そうとしていたことも見逃せない。

田添は社会主義者として体制転換による非戦の実現をめざし、世界平和の実現主体を労働者階級に求めていた。そして、一面では平和会議も戦争をより安く人道的に遂行するための「戦争党の会合」にすぎないとの批判的見解をとりつつも、また、他面であらゆる平和実現の可能性に注目していた。すなわち、「一九世紀後半以後の歴史を、精細に探究せば、吾人はこの間に世界の文明諸国における、国際上の正義および平和の観念の漸く切実にして、できうる限り、戦争の大惨禍を忌避するの傾向あるを観ぜずんば非ざるなり」として、トルコ問題解決のために開かれた一八五六年のパリ会議を「ヨーロッパ合衆国実現の種子」「世界協調の雛型」とみなしていた。さらに一八八九年以降開催された全アメリカ会議を汎アメリカ共和制の先駆となりうるものと評価し、ハーグ平和会議による仲裁裁判の成果にも着目していたのである。

田添のこうした「世界平和の進化」観は、一九世紀における国際平和に向けた種々の試みを詳細に追

*田添の「世界平和の進化」は、平民社の『直言』の後継誌にあたる『新紀元』の第三号（一九〇六年一月）から一〇のテーマに即して連載予定であった。しかし、『新紀元』廃刊によって第八「平和の経済的発展」を掲載したところで未完の論考に終わったものの、世界平和の歴史的展開と展望に関する考察として鋭い分析を示したものである。

うなかで構想されたが、それは単に平和会や平和会議が増加してきたというだけでなく、科学や文化を含めた経済構造自体が国際的に緊密化し、人類の生活が「切断分離すべからざる有機的一大個体とな」ってきたこと、そして経済力の発展が兵器の進化と増産を可能にしたことによって「社会生活上経済的に戦争の到底不可能になるを見るに至れり。しかり、二〇世紀の人類の片足は、すでに戦争の不可能時代に到着せるなり」とみたからであった。この見解はブロッホの『将来の戦争』に示唆を受け、武装的平和のための過重な財政負担がもたらす不合理を、各国が回避せざるをえなくなっていくという経済分析からもたらされたものでもあった。

こうした国際経済が進展すれば戦争が不可能となるという議論は、その後、イギリスの政治・経済評論家ノーマン・エンジェル（N. Angell）の『大いなる幻想 The Great Illusion』（一九一〇年）において展開され、世界的に大きな影響を与えたものであった。日本でも安部磯雄が『現代戦争論――兵力と国利の関係』（一九一二年）として訳出していたが、その主旨は、経済的信用制度と商業的契約によって相互に結びついた国家間においては、平和を維持することが利益を生む構造となっている、たとえ戦争によって勝利を得たとしても、経済的損失は壊滅的なものとなる以上、合理的判断がなされるかぎり、戦争を起こすことはもはや無意味である、にもかかわらず、戦争が勝者に利益をもたらすという大いなる幻想から醒めていないために戦争が起こる、というものであった。

このような戦争不可能論が人々を捉えつつあった一九一四年、第一次世界大戦が勃発し、四年余の総力戦のなかで総動員兵士数六五〇四万人、戦死者八五三万人、負傷者二一一九万人、捕虜・行方不明者七七五万人に、また非戦闘員の死傷者数は推定一二〇〇万人に達するといわれる惨禍をもたらすことになった。それは経済的合理性を見失ったという以上に、勢力均衡政策の下で軍備増強を続けながらも保たれていた「武装的平和」のバランスがいかに危うい基盤のうえに成り立っていたかについて、改めて猛省を促すものであった。そしてまた、戦争の結果はノーマン・エンジェルが訴えていたように、戦勝国にも敗戦国にも壊滅的な打撃を与え、勝利によって利益がもたらされるという予測が、いかに「大いなる幻想」にすぎなかったかという事実を冷酷なまでに突きつけるものであった。

柏木義円が「欧州の大戦乱に就て」(『上毛教界月報』第一九一号、一九一四年九月)という論説で指摘したように、世界の軍備拡張論者は「軍備は平和のため」と力説してきたが、この戦争こそ「軍備拡張論の仮面を剝いでその本音を吐かしめた」ものであり、この自己欺瞞から今度こそ自由にならなければならないという思いは、新たな国際平和のシステムへの渇望となっていったのである。

## 2　国際連盟——国際機構による平和に向けて

### 第一次世界大戦後の動き

ハーグ平和会議は確かに国際的紛争仲裁において一定の成果をおさめたし、戦争の残虐性を防止するうえでも意義をもった。しかし、それは戦争が起きた場合にその被害や悲惨さをいかに最小限にとどめるかに主眼を置いたものであり、目的としていた軍備縮小においては各国の合意を得られなかった。そのため「平和のための戦争」「戦争を終わらせるための戦争 the war to end wars」として戦われた第一次世界大戦後には、それをいかにして「最後の戦争」とするのかが課題となった。

早くも第一次世界大戦が始まった翌年の一九一五年、アメリカやイギリスでは国際平和機構形成に向けて動きだしていた。アメリカでは、国際司法裁判や調停理事会による紛争の司法的解決と違反国に対する制裁を担う機構として平和強制同盟会が構想されたし、イギリスでも仲裁裁判や調停理事会によって国際紛争の解決をはかるべく国際連盟会がつくられ、さらにドイツなどへの制裁を求める国際連盟協会が設立されたが、最終的にはこの二つが合同して国際連盟連合会が成立した。

また、イギリス外務省内には国際連盟委員会が設置されて、国際法学者らが平和機構についての研究をおこなっていた。フランスでも外務省内に国際連盟委員会が置かれて研究に着手したが、こうした戦後の平和機構設立に向けた動きは、イタリア、スペイン、スイス、さらにはドイツ、オーストリアにもみられたものであった。このほか、民間でも多くの平和同盟私案がつくられたが、日本でも石橋湛山《たんざん》がイギリスやアメリカにおける議論の詳細な分析を試みていた（「世界平和同盟私案」『東洋経済新報』一九一五年九－一〇月）。

こうした各国における平和構想に一つの方向性を与える指導原則となったのが、アメリカのウィルソン大統領が一九一八年一月に提示した「平和のための14カ条」であった。そこでは、秘密外交の禁止、経済障壁の撤廃、軍備縮小、ヨーロッパ諸国民の民族自決、そして国際平和機構の設立などが含まれていた。そして、一九一九年一月から始まったパリ講和会議では、国際連盟委員会が設置されて規約案の討議に入ったが、審議の過程でフランスが主張した侵略軍を制圧するための国際参謀本部設置案や、イギリス・アメリカが提起した徴兵制度撤廃案がともに否決されたため、侵略戦争に対する制裁処置や軍縮の動きに歯止めがかかったことは否めない。

## 国際連盟規約と戦争の禁止

パリ講和会議において定められたヴェルサイユ条約は、ドイツに対する講和条約を含め、全体で440カ条の規定と多くの付属文書からなる。その冒頭に置かれた第一編の国際連盟規約によって国際連盟の設置を規定し、ここに歴史上初めて常設の諸機関を備えた国際平和維持機構が発足することになった。一九一九年六月に採択された国際連盟規約は、前文で「締約国は、戦争に訴えざるの義務を受諾」することを加盟条件として明記し、軍備縮小・紛争の平和的解決(仲裁裁判)・集団安全保障を三位一体としてめざす法的構成になっていた。

そして、第8条で国の安全と国際義務を履行させるために支障なき最低限度まで軍備を縮小することとし、第10条で連盟国間の領土保全と独立を尊重し、外部からの侵害に対して擁護するとして、自衛のための戦争だけを正当化した。また、第11条で集団安全保障を採ることとし、以下の条項で紛争解決のための具体的取り組み規定を置いている。

ウィルソン大統領

それによれば、連盟国間に国交断絶に至るおそれがある紛争が発生した場合は、その事件を仲裁裁判もしくは司法的解決または連盟理事会の審査に付すことを義務づけ、すぐに戦争には訴えないこととさせた。さらに、仲裁・司法判決や理事会報告が出てから三カ月を経過するまで、いかなる場合においても戦争に訴えることを禁じた。こうして戦争を一定期間凍結することで戦争の全面的発展をまず抑えるという方式、すなわち戦争モラトリアムという方法を採って即時開戦を防ぐこととしたのである。

そして、これらの判決や報告を受けた当事国は、一切の判決を誠実に履行し、判決や勧告に応じる連盟国に対しては戦争に訴えてはならないとした。連盟規約はこうした戦争禁止措置に違反した国に対しては、武力の行使や金融・経済上の制裁措置によって実効性を担保することとしていた。

だが、理事会で全会一致の解決案や勧告が採択されなかった場合は、戦争に訴えることも自由であったし、採択されても紛争当事国がこれに従わないまま三カ月を経過すれば、規約に違反することなく戦争をおこなうことができた。その意味では、すべての戦争が禁止されたわけではない。また、戦争の違法性の認定権限が連盟加盟国だけに委ねられていたので、加盟しなかったり連盟を脱退してしまえば効力がおよばない、などの限界があったことは否定できない。

しかしながら、連盟規約によって、戦争が一般的な範囲において禁止されたことは重要な転換を意味した。それまでは戦争が起きた場合に、その被害や悲惨さをいかに最小限にとどめるかが戦争法の課題であった。それに対して、国際連盟では、戦争そのものが起きることをいかにして規制するのか、戦争の発生をどうすれば防げるのかが追求されることになり、戦争違法化に向けて動きだしたのである。

それまで戦争の開戦権限が主権国家に委ねられ、それを制約するシステムが存在せず、開戦を抑制していたのはあくまで軍事同盟による勢力均衡政策であった。しかし、国際連盟が採った集団安全保障体制では、これに加盟する国家が相互の紛争解決手段として戦争に訴えないことを義務づけ、それに違反して戦争に訴えた国家は相手国のみならず、ほかのすべての加盟国に対して交戦状態に入ることを意味することになった。

そのため国際連盟に世界のすべての国家が加盟すれば、いかなる軍事大国も一国ですべての国家には敵対できず、世界から戦争は消えていくことになるはずであった。戦争の法的禁止＝違法化と集団安全保障による制裁措置は、こうして表裏一体のものとして想定され、「勢力均衡による平和」維持から「国際機構による平和」形成への転換をはかったのである。それは、戦争を国家の自由な主権の行使としてきた「力の支配」から、戦争を犯罪とすることによって「法の支配」の下に置こうとする試みの始まりでもあった*。

だが、現実には国際連盟は第二次世界大戦を阻止することができなかった。それは国際連盟が国際機構による平和維持とはいいながらも、やはり戦勝国であるイギリスとフランスの覇権を維持し、両国の利益確保を中心に運営された「戦勝国による平和」という側面を色濃くもっていたからである。しかも、アメリカが連盟に加わらず、ソ連やドイツもしばらくは加盟を認められなかったために、軍事的抑制力が著しく減退し、軍事的強国が国際連盟の外部で自由に開戦できる体制となってしまった。また、アメリカやソ連に対抗する軍事力をもった国家として、国際連盟における制裁措置の中心となるべきイギリスが連盟規約を制限的に解釈し、ドイツやイタリア、そして日本の規約違反行為に対しても宥和政策を採ったために各国の足並みが乱れ、制裁措置が有効に機能しないことになった。

さらに、制裁措置が経済封鎖を主たる手段としたため、限定的な効果しか生まなかったことも、国際連盟が戦争禁止を実現できなかった理由としてあげることができよう。ただ、アメリカは国際連盟にこそ参加しなかったものの、後述するように、不戦条約や軍備縮小をリードし、戦争制限に動いていた側面も無視することはできない。

**戦争責任と戦争犯罪**

このようにヴェルサイユ条約は、国際紛争解決の手段として戦争に訴えないことを義務づけることにより、戦争違法化への道を開いたが、同時に戦争勃発の責任がもっぱらドイツにあるとして戦争責任を明記し、さらにその責任者の刑事責任を問うという形で戦争再発を防ごうとしていた。

すなわち、第231条ではドイツおよびその同盟国に対して、その侵略（aggression）によって引き起こされたすべての損害に対する賠償責任を負うことが規定された。この条項は従来もあった講和条約における賠償規定ではなく、あくまで「侵略」に対する賠償であり、そのことは侵略戦争が罰するに相当する違法性をもっていたこと、すなわち侵略戦争が違法であるという認識を示すものであった。

しかしながら、いかなる事態をさして侵略というのかについては、必ずしも明確ではなく、第一次世界大戦末期にそれまで用いられていた武力攻撃による「侵略」を意味する「invasion」が、権利などに対する侵害を含む広義の侵攻をさす「aggression」に変えられたのも、イギリスが海上での被害賠償を確保するためであったといわれる。この用語の変更も、戦争自体を違法行為とみる戦争観が浸透していくなかで、侵略行為の違法性を強調する意味合いを強めていき、侵略の定義については不戦条約などにおいても問題となったが、各国間の合意は得られなかった。それが国際的に合意をみたのは、一九七四年の国際連合総会で採択された「侵略の定義に関する決議」においてであった。*

他方、戦争犯罪については、第２２７条で「国際道徳と条約の神聖さを侵した重大な罪」であるとし

181頁の＊こうした国際連盟規約を生かして開戦に制限を加えることを憲法に採り入れるという試みも現れることになった。一九三一年のスペイン憲法では、第77条で「大統領は国際連盟規約に定められた条件において、好戦的性質をもたないすべての防禦方法およびスペインによって受諾され、かつ国際連盟に登録された国際協約に定められたすべての司法手続または調停ならびに仲裁手続が尽された後でなければ、宣戦布告に署名できない」と、大統領に対して国際連盟規約に従ってあらゆる平和的手段を用いて解決の努力を尽くした後でなければ開戦してはならないとの規制を与えていた。同様に、シャムの一九三二年憲法でも「宣戦は国際連盟規約に反しないときでなければおこなわれえない」（第54条2項）と規定していた。

てドイツ皇帝の刑事責任を問題としたが、侵略戦争に対する法的責任の追及としてではなく、特別法廷で裁くこととした。日本は当初、大日本帝国憲法の規定に鑑みて元首は責任を問われないという無答責論に立ったが、ウィルソン大統領の説得によってこれを撤回し、皇帝を裁く主要当事国となっていた。

しかし、実際には皇帝が亡命した中立国オランダが、訴追を法的なものではなく、「普遍的な良心に基づく高度の国際政治行為」であるとして、政治犯保護を理由に引き渡しを拒否したため、裁判は実施されなかった。さらに、第228条では、戦争を指導したドイツのヒンデンブルク参謀総長やルーデンドルフ参謀次長をはじめ八九〇人を戦争法規違反の犯罪者として訴追したが、これもドイツ政府が引き渡しを拒絶したために実現はしなかった。とはいえ、戦場における交戦法規違反にとどまらず、開戦責任や戦争指導責任が個人的に問われたことは事実であり、これも戦争違法化の重要な要素となった。

この戦争指導者責任論は、その後、政治的な論議にこそならなかったものの、国際法学者によって理論的な検討が進められ、それが第二次世界大戦後のニュルンベルクと東京における国際軍事裁判へとつながっていったのである。

## 3　戦争違法化と不戦条約

## 戦争全廃をめざす

ところで、国際連盟はその無力さだけが強調されがちではあるが、戦間期において戦争廃止に向けた努力を放棄していたわけではなく、連盟規約を補完する試みも重ねられていた。

一九二四年の連盟第五回総会において、フランスが提案し採択された「国際間紛争の平和的解決のための保障協定（ジュネーブ平和議定書）」は、それまでの規約ではやむをえないとされていた戦争条項を改定して戦争全廃をめざすものであった。そこではすべての国際紛争を平和的処理の対象とするために、侵略戦争は国際犯罪であると宣言し、侵略に対抗する以外は戦争に訴えない原則が提起されていた。

そのうえで、いかなる国際紛争もすべて仲裁制度に付託し、最終的に連盟理事会または仲裁委員会の決定に拘束される義務的仲裁制度によって司法的に処理すること、また当事国は軍事・経済の協力体制によって軍縮を実行することが決定し、ただちに一八カ国が署名した。しかし、すべての国際紛争を理事会や仲裁委員会の義務的拘束力のある決定に委ねるという方式は、イギリスやフランスなどの理事国以外の多くの国家の支持を得られなかった。日本も対中外交を大きく規制されかねない義務的仲裁制度に反対して批准せず、イギリスも政権交代によって方針変更して反対に転じたため、この戦争全廃に向けた協定は結局発効しないままに終わった。しかし、この平和議定書の基礎となった戦争全廃をめざす思想が、異なった形で現れたのが一九二八年に署名された不戦条約であった。

183頁の＊この決議では「一国による他国の主権、領土保全もしくは政治的独立に対する、または国際連合憲章と両立しないその他の方法による武力の行使」という一般的定義のほか、主要な具体例が列挙されている。

## 不戦条約

すでに述べたように、国際連盟規約においては、連盟理事国に付託された紛争について、当事国を除いて全会一致が得られない場合には戦争に訴える自由が認められるなど、戦争禁止において徹底性を欠いていた。不戦条約はその不完全さを補完すべく、「締約国は、国際紛争解決のため戦争に訴うることを非とし、かつその相互関係において国家の政策の手段としての戦争を放棄することを、その各自の人民の名において厳粛に宣言す」（第1条）と戦争放棄を明記した点で戦争違法化を深化させたものであった。そして、戦争を放棄したうえで、「締約国は、相互間に起ることあるべき一切の紛争または紛議は、その性質または起因のいかんを問わず、平和的手段に依るのほか、これが処理または解決を求めざることを約す」（第2条）として、国際的紛争においては戦争に訴えることを放棄し、平和的手段によってのみ解決をはかることに限定したのである。

不戦条約は、主唱者であるフランスの外相ブリアンとアメリカ国務長官ケロッグの名をとってケロッグ・ブリアン条約とも、あるいは署名地の名をとってパリ条約とも呼ばれるが、「戦争放棄に関する条約」が正式名称とされ、英訳は「Treaty for the Renunciation of War」である。その第1条の条文における、国際紛争を解決する手段としての戦争を放棄するという規定が憲法9条第1項と同じものであるだけでなく、日本国憲法の第二章章題の英訳が、「Renunciation of War」であることは、両者の密接なつながりを示すものでもある。

こうした不戦条約の規定に準拠し、それを憲法に採り入れたのは、日本国憲法が初めてであったわけではなく、一九三一年スペイン憲法第6条が「スペインは、国家の政策の手段としての戦争を放棄する」とし、一九三五年フィリピン憲法第二章第3条も「フィリピンは、国家の政策の手段としての戦争を放棄し、一般に受諾された国際法の諸原則を国内法の一部として採用する」と規定していた。マッカーサーが駐留していたのがフィリピンであったことは、日本国憲法とのつながりを想起させるであろう。

**アメリカの戦争違法化運動**

不戦条約は、フランスのブリアン外相が、アメリカ・フランス間で戦争による紛争解決を禁止する条約の締結を要請したのに対して、アメリカのケロッグ国務長官が二国間条約としての効果を疑問視して多国間条約にすることを提案したものである*。

その呼びかけに応じてイギリス、イタリア、日本など一五カ国が賛意を表して成立し、一九二八年に署名、翌二九年七月から発効して三八年までに六四カ国が締結するに至った。条約には期限の条項がないため、この不戦条約は今日でも無効とはなっていない。当時、これに加わらなかった国家はアルゼンチン、ボリビア、エルサルバドル、ウルグアイだけであったが、これらを含む六カ国はこの条約とは別

*なお、ブリアンなどの主導によって、不戦条約に先立つ一九二五年、フランス、イギリス、ドイツなどの七カ国は相互に戦争に訴えることを禁止し、違反国には国際連盟理事国の認定を待たずに集団的行動をとるというロカルノ諸条約を締結していた。

に不戦条約と同等の規定を含んだ「不侵略と調停に関する条約」（ラテン・アメリカ不戦条約）を結んだため、不戦条約の規定が実質的に国際法としての普遍性をもったものとみなされていた。

不戦条約は、第一次世界大戦参戦一〇周年を記念して、ブリアン外相がアメリカ国民に宛てたメッセージに端を発したものであったが、そもそも、国家の政策手段として戦争を放棄するというこのアイデアをブリアン外相に説いたのは、アメリカ・カーネギー平和財団のバトラー会長とショットウェル（J. T. Shotwell）委員長であり、ショットウェルは条約の案文起草にも関与していた。そして、ブリアンのメッセージにも引用されていたのが、「戦争非合法化」という概念であり、それはアメリカから広まった運動の影響力を示すものであった。

この不戦条約の成立を促したアメリカの戦争違法化運動は、二つの異なった思潮が合流して一つの国民運動となったものである。その一つがショットウェルらの「国策の手段としての戦争」のみを放棄し、自衛・制裁戦争を認めて集団安全保障を確保しようとするものであり、他の一つがシカゴの弁護士であったレヴィンソン（Salmon Levinson）が唱導した、一切の戦争の非合法化をめざすものであった。両者は戦争違法化という方向性においては同じであるため、混同されることが多いが、自衛戦争や制裁戦争の認否をめぐって相容れない対立があった。

レヴィンソンは第一次世界大戦中の一九一八年三月、アメリカの『ニュー・リパブリック』誌に「戦争の法的地位」という論文を掲げ、「戦争の非合法化 Outlawry of War」を主張したが、それは侵略戦争であれ自衛戦争であれ制裁戦争であれ、戦争という行為そのものを全面的に非合法化することによって最終的に戦争の廃絶をめざすというものであった。そこで主張された戦争の非合法化とは、戦争が紛争解決の手段たる制度として認められていること自体が、大量殺人を引き起こす戦争を合法化しているとして、社会的に承認された「制度としての戦争」そのものを国内法と国際法の体系から排除していくことを要求するものであった。*

レヴィンソンは一九二一年に「戦争非合法化アメリカ委員会」を立ち上げたが、以後、この委員会メンバーすなわち違法化論者（Outlawrist）を中心として、なんらかの機構による制裁措置によって一切の戦争を非合法化するのではなく、諸国民の世論と誓約によって戦争全廃を実現しようとする運動が進められたのである。この主張はボーラー上院議員の賛同を得て、あらゆる戦争を非合法化する上院決議案として四度も上程されるなど議会関係者にも大きな影響を与えた。

そして、世論喚起のうえで重要な役割を果たしたのが、哲学者のジョン・デューイ（John Dewey）であった。デューイもまた、戦争を前提とする体制が戦争を再生産し続けていくのであり、その体制を根底から変えなければ人類が戦争から解放されえないことを、第一次世界大戦とその後の体験から痛感していた。集団安全保障体制を採る国際連盟にしても、それがいかに戦争の違法化をめざしているにせよ、制裁戦争を認めることによって戦争を問題解決の手段として維持していく体制として存在している。戦

*「Outlawry of War」とは、戦争を法の領域から駆逐する、あるいは法の埒外（らちがい）に置く、という意図を強く示すもので、戦争を法の領域に置いたうえで、その違法か合法かを問うという「違法化論」と峻別すべく用いられた。

ジョン・デューイ

ケーディス

争が根絶されないのは、国際連盟規約などで制裁戦争が法認されていることによって各国の政府が軍備を正当化し、国民を戦争にかぎりなく動員できる体制になっているからである。

逆にいえば、戦争という制度を合法的前提として成り立っている国際法と国内法の体制を廃絶していかないかぎり、戦争が廃絶されることはない。しかし、戦争遂行を自己の権限の骨格として存立している国家や政府にそれを要求しても無理である。

また、戦争を真に不可能にする唯一の方法は、国民が戦争に参加しないことであるとすれば、戦争という制度を廃絶するためには国民がそれを自らの意思として表明しなければならないはずである。戦争はけっしてなくならないであろうという予測を前提にするのではなく、戦争によらなくても紛争解決が可能となる方法を探り出すことを国民一人ひとりが自ら追求し、国民の抗しがたい要求の結果として戦争を廃絶していかないかぎり戦争は廃絶されることはない。このように考えるとき、デューイらの戦争非合法化運動が、国民運動として展開されなければならない必然性があったことが了解される。それはまたカントが『永久平和のために』において平和を実現するための第一確定条項として「各国家における市民的体制は共和的でなければならない」とした思想と通底するものであった（↓78頁）。

そして実際、不戦条約を実現させたのは、違法化論者やデューイなどの政治的知識人による言論の力という以上に、世論の圧力であった。条約の審議中、批准を要求する書簡がホワイトハウスへは一日二〇〇〇通、国務省へは六〇〇〇通の割合で届けられただけでなく、婦人平和自由連盟、婦人有権者国民同盟、婦人クラブ国民連合、アメリカ女子大学協会など多数の女性団体を含む平和団体や在郷軍人会などによる条約の無修正批准を要求する決議が、全国的規模で出されていた。また、可決される前日には二〇〇万人の署名が上院に届けられていたし、連邦教会会議も即時批准を求める一八万人の署名を大統領に提出した。さらに平和団体によるアメリカ史上最大規模でのデモが繰り返され、上院議員への直接的な働きかけなどによって不戦条約は批准されていったのである。

連合国軍総司令部（GHQ）民政局（GS）次長のケーディスは、憲法9条を直接担当するにあたって学生時代に感銘を受けた不戦条約を参照したことをしばしば証言しているが、ケーディスだけでなく日本国憲法の起草にかかわったアメリカの人々が、不戦条約がこうした国民運動の熱気のなかで批准された時代に学生生活を送ったり、法律家や行政官として歩みはじめていた事実は、憲法9条の思想水脈を考える場合には無視できない歴史的背景であろう。

そして、伝統的なモンロー主義に回帰していたアメリカ国民が第一次世界大戦後、外交政策の決定に関して積極的に動いたことは、外交次元における世論の意義を再認識させるものであった。不戦条約の批准にあたって日本は、不戦条約第1条中の「その各自の人民の名において」という字句は、天皇大権である条約締結権を侵すとして日本に適用されないとの政府宣言を出したが、当時の日本では、それが不戦条約問題の焦点と受け取られてしまっていた。

## 各自の人民の名において厳粛に宣言す

しかしながら、戦争非合法化運動が戦争廃絶において最も根幹となるとみていたのは、デューイの議論にも示されていたように、まさにこの「各自の人民の名において厳粛に宣言す」ることであった。

なぜなら、諸国の人民が不戦や非戦を宣言し、それを政府に実行させることこそが、戦争を根源的に廃止する駆動力となるはずであり、政府による宣言では結局、違法化される戦争は自らを拘束しないものに限定されかねなかったし、事実、不戦条約もそう処理されていったからである。日本国憲法が前文で「政府の行為によつて再び戦争の惨禍が起ることのない」ようにするために、「平和を愛する諸国民の公正と信義に信頼」することを宣言したのは、まさにこうした歴史を踏まえたものでもあった。戦争非合法化運動を背景として生まれた憲法9条における戦争放棄とは、政府に課せられた責務という以上に、何よりも国民自身の責務として認識されるべきものなのである。

そして、非戦条約を生む原動力となったのがほかならぬ国民の声であったことは、当時の日本人にも認識されていたことであった。枢密顧問官・石井菊次郎は、不戦条約がレヴィンソンや『戦争の非合法化』の著者チャールズ・モリソン、そして戦争非合法化決議を提出し続けたボーラー上院議員らの運動によって喚起され、その結果、世論の圧力におされて、アメリカ政府が各国に呼びかけたものであるとしたうえで、不戦条約の「人民の名において」には「人民の親政」という思想が含まれていることに注意を促し、それが日本に波及して「国民外交」要求につながることを懸念していた。

すなわち、戦争非合法化論者たちはこれまでの戦争が少数の為政者によって決定され、数百万、数千万の民衆の生死が左右されてきたのに対し、二〇世紀においては真の世界平和を樹立するためには、戦争について決定権限をもつのは人民《ピープル》以外にないと考えている。すなわち、「不戦条約は人民の親政に属すべき人類最高の事務であるから国民代表に委託すべき性質のものではない、この意味において国家も国民も共にこの場合適当の語ではない。即ち人民でなければならぬと言うて居る」(「不戦条約論」『外交時報』一九二八年一〇月一五日号)として、不戦条約の思想的背景に直接民主制への要求があることを明確にみてとり、その思想を反映した条約を「人民の名において」の字句のまま批准することに反対していたのである。

これに対して、一九二八年八月、一五カ国による調印式に日本代表として出席した枢密顧問官の内田康哉《やすや》も、その実現に果たしたアメリカの国民的運動と世論の力を知って強い印象を受け、帰国の船上で「戦争放棄条約に関する演説草稿」を執筆していた。そこでは石井と同じくショットウェルやレヴィンソン、モリソン、ボーラー上院議員などの活動をあげたうえで、不戦条約が大国間の外交交渉の成果ではなく、アメリカの市民運動によって生まれた成果であったことが強調されている。

しかし、石井とは逆に「諸君の中には、あるいは本条約が成立したけれども強国中ますます軍備を拡張せんとするものがあると言うものがあるかも知れない。しかし、それは一時の変態的現象に過ぎないと思います。いったん、かかる条約が世論の支持に依《よ》て出来上がった以上、世論はいよいよ開放され強くなってゆき、時日の問題ではあるが本条約の精神が十分あまねく理解され、人類始まって以来欲求して已《や》まなかった真の世界平和の来ることも遠き将来ではないであろうと思われます」と平和構築における世論の意味を内田は訴えようとしていたのである。

一九三二年、満洲国承認をめぐって、外務大臣として国を焦土にしても承認するという「焦土演説」をおこなうことになる内田も、不戦条約締結当時においては、平和に向けた世界の世論のもつ可能性への希望が切実に感じられていたのであろう。第二次世界大戦後の極東国際軍事裁判において、満洲事変などが不戦条約違反の侵略戦争であるとして「平和に対する罪」に問われたことを思い合わせるとき、不戦条約締結以降の歩みの曲折は内田だけのものではなく、日本自体がたどった道筋でもあった。

しかし、何が侵略戦争であり、自衛戦争なのかという識別の難しい問題が不戦条約の批准過程のなかに胚胎《はいたい》していたことは事実であった。そして、自衛権という問題を国際法における重要な論争概念として浮かび上がらせたのは、不戦条約にほかならなかったのである。

## 4 戦争違法化と自衛権

## 不戦条約の「戦争」

戦争が主権国家の自由とみなされ、戦争合違無差別論が認められていた時代にあっては、その戦争が自衛か否かは、道義論ないしは国内での政策指導の次元の問題であって、国際法上の問題にはなりえなかった。自衛権どころか戦争そのものがそもそも違法ではなかった以上、自衛を特別な理由があるゆえに違法ではないとして理由づける必要もなかったからである。

しかし、国際連盟規約そして不戦条約において、国際紛争を解決するために戦争に訴えることが否定されるようになると、他国からの侵害を受けた場合などにいかなる手段によってこれを排除することが違法ではないのかが問題となる。しかも、不戦条約においては条約違反に対する制裁規定を欠いていた。そのため当初から戦争違法化は精神規定であって実効性がないという見方が強かった。

だが、そうであればなおさらのこと、国際法上の権利としていかなる戦争が許されるのかが問題となってくる。そこに自衛権という法概念が国際的に重視されるに至った理由があった。しかし、それはわずか一〇年前まではいかなる戦争も自由であったにもかかわらず、不戦条約によって戦争に訴える場合、それがなぜ違法なものではないか、ということを国際法に従って自ら立証しなければならなくなったという大転換が生じたことを意味していた。不戦条約が国際法上でもった歴史的な画期性は、疑いようがないのである。

ただ、後世からみれば、いかなる法も、運用によってその意義が異なってくることを看過することはできない。アメリカは不戦条約締結に至るまでに表明した公文や議会説明などにおいて、自衛権はあらゆる主権国家に固有のものであり、どの条約にも暗黙に含まれているはずであるとし、「各国は、いかなるときにも、また条約の条項のいかんを問わず、自国の領土を攻撃または侵入から守る自由をもち、また事態が自衛のための戦争に訴えることを必要ならしめるか否かを独自に決定する権限をもつ」と表明したが、こうした見方が締結国の共通了解となっていった。ただ、本来、あくまで「自国の領土」が攻撃や侵略にさらされた場合が想定されていたにもかかわらず、アメリカはモンロー主義の該当地域までおよぶとの見解を示し、自治領や植民地をもつイギリスは、自国領土以外であっても特殊利害をもつエジプトなどの「世界のある地域」への攻撃に対する防衛もまた自衛権の行使にあたるとの留保をもって批准した。

こうしたアメリカやイギリスの留保を受けて、日本でも自国民の居住地域が攻撃にさらされており自国民を保護することが自衛権の行使である、との論理をもって軍事発動を正当化していった。一九二八年当時、日本政府は五月の済南《さいなん》事件による中国への出兵を決定し、さらに満洲の張作霖や国民党政府に対して「満洲治安維持のために適当かつ有効な措置をとる」と通告しており、中国に出兵することを容認させる留保条件をつけることを決定した。しかし、イギリスの特殊地域と同様の留保条件を満蒙地域について明記することは各国の疑惑を招くおそれがあるとしてこれを避け、むしろ自衛権の解釈を拡張するという方針を採ることとなった。「自衛権なる観念は、国際法上明確を欠くの短所ありといえども、同時にこれがため広範なる解釈を立つるを得るの長所あり、将来にわたり我国の対支行動を説明するに十分なる弾性を有する利益あり」(外務省「不戦条約ニ関スル対米解答案」)として明確な留保をつけないこととし、満蒙地域から広がっていく可能性を見据えながら中国での軍事行動の自由を確保することとしたのである。自衛権が確立されていない概念であるがゆえに、自己に都合よく拡張していけるという判断の下に日本は不戦条約を批准したが、そこに最初からボタンの掛け違いがあった。

このように不戦条約の調印にあたって多くの国が自衛権についての留保をおこなったことによって、この条約では、自衛権に基づく武力行使は放棄する戦争に含まれない、という了解がなされることになった。あるいは多数の国家が不戦条約を批准したのも、独自の自衛権解釈が留保されたと解釈されていたためであったともいえよう。いずれにしてもこうした留保によって、不戦条約は自衛戦争でない戦争、すなわち「侵略戦争の違法化」を定めたものとの了解を各国がすることになった。もちろん、この「自衛権」の発動の条件としては、自国への「攻撃」と「侵略」があった場合に限られる、との理解がほぼ共通した認識であったが、各国は自ら「自衛のため戦争」に訴えるかどうかを決定する権能をもつと理解されることになった。しかし、それは国際的紛争において戦争に訴えることを放棄し、平和的手段によってのみ解決をはかることに限定した不戦条約第2条に違反するはずであった。

こうした事態こそ戦争非合法化運動が懸念していたものであり、「制度としての戦争」そのものを国際法や国内法という法体系から追放するという試みは、いったんは伏流化し、それが憲法9条として改めて闡明《せんめい》化されることになったのである。そして、不戦条約を空文化させていったのが、ほかならぬ日本であった。

## 日本の「自衛権」行使

不戦条約と自衛権発動の関連が問題となったのは、一九三一年に起こされた満洲事変においてであった。日本政府はすでに不戦条約についての枢密院審議において外務省・堀田正昭欧米局長が「自衛権につき極めて慎重なる考慮を加えたるが広く解釈することとし、自国の領土を防護すとの制限を認めず」(外務省文書『戦争抛棄ニ関スル国際会議及条約関係一件』第五巻)との立場を採ると説明していた。すなわち、日本政府は、自衛権の範囲については広範な自己解釈権が許されており、日本の領土以外においても軍事行動を自由におこないうると「広く解釈」することで不戦条約を批准していたのである。

こうした解釈が中国における軍事行動を前提にしていた以上、日本政府が関東軍の行動を自衛権の行使であると主張したのはある意味で当然ではあった。だが、中国政府は主権侵害であると反対し、アメリカの国務長官スティムソンは不戦条約に違反する方法によって生じたいかなる事態や条約などを承認しないというスティムソン・ドクトリン(不承認主義)*によって日本に警告を与えていた。

国際連盟はリットン調査団に現地・柳条湖の調査をおこなわせたものの、その報告書では「日本軍の軍事行動は、正当なる自衛手段と認むることを得ず」とし、それを受けた一九三三年二月の総会報告においても「日本将校が自衛のため行動しつつありと自ら信じたるやも知れずとの可能性を排除せざるも、同夜奉天およびその他の満洲各地においてとられたる日本の軍事行動をもって、自衛の措置と認むることを得ず」とした。日本はリットン報告書に対して日本軍の行動は「自衛以外にわたりしことなく、日本政府は、該行動が必要なりしや否やにつき、外間《がいかん》〔非当事者〕の論議許すあたわず」として、自衛権の認定は日本政府の権能である以上、論議の余地はないとして勧告を拒絶、最終的に国際連盟脱退の道を選んだのである。

こうして柳条湖事件以後、日本は自衛権を主張して宣戦布告なき武力発動をおこなっていったが、そこでは満洲事変や上海事変、支那事変など事変（incident）と命名して、国際法上の戦争としては対処しなかった。宣戦布告をしなければ不戦条約違反になるかどうかは不明であったが、正規の宣戦布告をすれば不戦条約違反になるというのが外務省の見解であった（外務省条約局第二課『支那事変関係国際法律問題』）。

日本としては中国での利権追求をイギリス・アメリカに容認させるためには、不戦条約に明白に反することは避ける必要があっただけでなく、宣戦布告をした場合には、イギリス・アメリカなどに中立制度が適用されて、石油や鉄鋼などの重要軍需物資や鉱物資源の輸入が困難となることは必至であった。もちろん、こうした不戦条約の脱法行為にもあたる事態に対し、国際連盟においてスウェーデン代表などからは、他国の領土に軍隊を進駐させて軍事行動をおこなうことは連盟規約や不戦条約に明確に違反しており、日本のように自衛権を拡張解釈するならば国際法秩序は維持されないといった批判が出されていた。

しかし、日本と同様に特殊利害地域における自衛権行使を留保していたイギリスやアメリカは、日本

＊これは当初、アメリカの一方的な宣言にすぎなかったが、一九三二年三月の国際連盟総会決議を経て、その後、国際慣行として承認された。一九七〇年の国際連合友好関係原則宣言は、これを明文で規定している。

の主張する自衛権行使を全面的に否定できなかった。その後、イギリス・アメリカとの協調が不可能となった段階では、自衛を口実として軍事行動を正当化する必要はなくなってしまっていたが、重慶などの中国の無防備都市に対する無差別爆撃や捕虜の取り扱いにおいて交戦法規に拘束されないために、この軍事行動は「事変」として処理されることになった。もちろん、交戦法規は事実上の戦争についても準用されるはずであったが、戦場では交戦法規違反行為や逸脱行為があったことは否定できない*。

このように日本が「支那事変」という実質的な全面戦争を、形式上は戦争ではなく事件として処理した事実があったことが、のちに日本国憲法の審議過程で9条に対する、いわゆる芦田修正に対し、中国などから「自衛権の発動」という名目による実質的な戦争に日本が向かうのではないかという疑念を起こさせる先例となったのである（→273頁）。

こうした不戦条約が空文化していった史実に鑑みて、国連憲章は戦争という概念を用いることなく、実質的な戦争にあたる事態をさして、「武力による威嚇」または「武力の行使」という概念を用いることとしたが、これも憲法9条第1項において生かされている。

そして、第二次世界大戦後の極東国際軍事裁判において、満洲事変以降の日本の軍事行動が自衛権の行使にあたるかどうかが争点となったが、一九四八年一一月八日、満洲事変に関して「自衛権のうちには、今にも攻撃を受けようとしている国が、武力に訴えることが正当であるかどうかを第一次的に含んでいる。しかし、ケロッグ・ブリアン条約を最も寛大に解釈しても、自衛権は、戦争に訴える国に対して、その行動が正当であるかどうかを最終的に決定する権限を与えるものではない」（『極東国際軍事裁判速記録』第一〇巻）と判示した。すなわち、自衛権を決定する権限については、「攻撃を受けようとしている国」と「戦争に訴える国」との差異を強調し、自己解釈権に委ねられないとしたのである。これは自衛権の行使の是非の判断は、最終的に国際社会の判断に服するというニュルンベルク裁判の法理と同様に、現在では国際法の先例的な意味をもつものと解されている。

そして、このように自衛権が、自己解釈によるという形で運用され、不戦条約を空文化していったことを反省し、憲法9条は不戦条約の規定に準拠しつつ、その過ちを繰り返さないために戦力不保持を併せて規定していたということを改めて思い起こす必要がある。**

＊一九三七年八月、不拡大方針を採っていた段階で梅津美治郎（よしじろう）陸軍次官は、「帝国は対支全面戦争を為しあらざるを以て、陸戦の法規慣例の関する条約その他交戦法規に関する諸条約の具体事項を悉（ことごと）く適用して行動することは適当ならず」（陸支密一九八号）と現地の支那派遣軍に指示していた。また、極東国際軍事裁判（東京裁判）において、陸軍省軍務局長であった武藤章は「一九三九年、中国の戦争は公には事変として知られていますので、中国人の捕えられた者は俘虜として取り扱われない、ということが決定されました」（四七年八月八日法廷）との証言をしている。

＊＊日本国憲法の制定過程を詳細にたどった田中英夫は、ケーディスの証言として、戦争放棄の規定は「自分が学生のときに学んだケロッグ・ブリアン不戦条約の趣旨を宣明するものとして歓迎し、戦力の不保持の宣言は、不戦条約が結局は無視されたことに鑑みて、その精神を活かすためのものであろうと思った」（田中『憲法制定過程覚え書』有斐閣、一九七九年）と伝えている。

## 国連憲章と自衛権

第二次世界大戦末期の一九四五年六月に採択された国際連合憲章は、「すべての加盟国は、その国際紛争を平和的手段によって国際の平和及び安全並びに正義を危うくしないように解決しなければならない」（第2条3項）と紛争の平和的解決義務を課し、不戦条約よりもさらに徹底した戦争違法観を表明した。そこではかつて不戦条約の締結後、戦争と称しないままに軍事行動がおこなわれたことから、戦争の実態をもつ「武力による威嚇又は武力の行使」を禁止することとしたが、この規定が憲法9条に採り入れられたのである。

また、不戦条約以来、問題となってきた自衛権とは、戦争開始における原因と条件にかかわるものであって、自衛権の発動としていったん戦争が始まると、その戦争は通常の戦争として扱われることとなり、自衛の限度を越えて交戦国が降伏するまで攻撃を続行できるものとなっていた。これに対して、国連憲章では「平和に対する脅威、平和の破壊又は侵略行為」があったかどうかの決定権を安全保障理事会に集中することにより、これまで個別国家の判断に委ねられていた自衛権のあり方を改めた。しかし、自衛権そのものは否定されたわけではない。ただ、第51条において規定されている自衛権は、*ほかの措置をとることができない緊急やむをえない場合に限り、攻撃を排除するために必要な限度で、攻撃の程度と均衡のとれた範囲で許容されているものである。しかもそれは安全保障理事会が必要な措置をとるまでの間だけに限定されている。

国連憲章第51条は、これまで国家が行使してきた自衛権を個別的自衛権とし、新たに集団的自衛権という概念を設けた。しかし、これは日米安全保障条約のような複数国間の条約による自衛権をさすのではなく、あくまで国際連合加盟国全体による集団安全保障による自衛権をさすものである。国際連合は共同の利益の場合を除いて武力を用いないことを原則としているが、この原則に反して、加盟国に対する武力攻撃がおこなわれた場合、安全保障理事会が平和回復のための勧告をし、加盟国に代わって非軍事的措置か軍事的措置をとる。しかし、安全保障理事会が平和回復の措置をとるまでには一定の時間を要する。その間に侵略国の攻撃に対して何らの反撃が許されず、侵略行動が完遂されるのを黙って見過ごさなければならないのは不合理である。

そのため憲章第51条は、こうした緊急の場合には、武力攻撃を受けた加盟国が自衛権を行使して侵略国に対抗できるとして、個別的自衛権を認めている。しかし、自衛権の行使にあたって加盟国がとった措置は、直ちに安全保障理事会に報告しなければならないとしている。この報告を受けた安全保障理事会は、武力攻撃を受けた国の自衛行動が正当な範囲のものであるかどうかを判断し、自衛行動といわれている武力行動が限度を越えたり、自衛行動にあたらないと認めた場合には、武力行動の停止を命じる

＊国際連合憲章第51条「自衛権」：この憲章のいかなる規定も、国際連合加盟国に対して武力攻撃が発生した場合には、安全保障理事会が国際の平和及び安全の維持に必要な措置をとるまでの間、個別的又は集団的自衛の固有の権利を害するものではない。この自衛権の行使に当って加盟国がとった措置は、直ちに安全保障理事会に報告しなければならない。また、この措置は、安全保障理事会が国際の平和及び安全の維持または回復のために必要と認める行動をいつでもとるこの憲章に基く権能及び責任に対しては、いかなる影響も及ぼすものではない。

ことになる。そして、安全保障理事会が武力攻撃をおこなった国に対して強制措置をとった場合は、個別的自衛権に基づく行動は停止しなければならないことになる。

このように国連憲章第51条に定められた自衛権は、従来の国際法で論じられてきた自衛権とは異なり、きわめて限定されたものであり、あくまで安全保障理事会を中心に国際連盟加盟国による集団的な平和と安全を回復し、維持するための補充的な権利として認められているにすぎない。こうした国際連合における集団安全保障体制においては、国際連盟規約によっては阻止できなかった侵略戦争を抑止するためのシステムとして安全保障理事会に大きな権限を与えた。さらに、その権原として集団的自衛権という新たな権利をつくったのである。しかしながら、集団的自衛権とは見方を変えれば、自らが攻撃や侵略にさらされていないにもかかわらず攻撃や制裁措置に加わるという点で、「他国を防衛する権利と義務」を課すものである。しかも、それは集団化された圧倒的な軍事力によって、侵略を抑止しようとするものであるため、侵略国以上の軍事力をもつ必要がある。

この点を考えれば、国際連盟や国際連合による集団安全保障体制は、「勢力均衡による平和」から「国際機構による平和」をめざしたものでありながら、実は大規模で新たな「勢力均衡による平和」に衣替えしただけであるとみることが可能である。さらに、集団安全保障体制を有効に機能させるためには大国間の一致が必要となるため、アメリカ・ロシア（発足時はソ連）・イギリス・フランス・中国の五大国の意向をほかの加盟国以上に加重に反映させるシステムとなっており、加盟国の多数意思と異なった決定がなされることも少なくない。*

そしてまた、集団安全保障体制は侵略国を認定し、それに対する戦争を法認するという意味で新たな装いをまとった正戦論の復活ともいえる。そして、そのかぎりで戦争を違法化したとはいっても、国際紛争を解決する手段としての「制度としての戦争」そのものを追放したのではなく、合法化し直したにすぎないと理解することも可能である。省みていえば、デューイが国際連盟を批判したのも、まさにその点であった。にもかかわらず、不戦条約は自衛戦争や制裁戦争を認めるというショットウェルらの集団安全保障構想に沿う方向で理解されていくことになった。

しかし、レヴィンソンやデューイらの戦争非合法化思想は、自衛戦争と侵略戦争の区別なくすべての戦争を廃止し、制裁においても武力を使用することは実質的な戦争になるとして認めなかった。その意味で「制度としての戦争」そのものを認めることを否定し、それを戦力不保持によって実効性をもたせようとした憲法9条は、まさしく戦争非合法化思想の水脈を引き継いだものである。

しかも、戦争非合法化運動においてデューイらが主張したように、平和とは国家主権の確保によってもたらされるのではなく、あらゆる階級的・人種的・地理的な境界を越えて実現される人間の交流による共存によってもたらされるという思想こそ、国民主権・国際協調・平和的生存権そして非戦を基軸とする平和という考え方につながってくるものであった。

＊ただ、国際連合においては安全保障理事会の常任理事国に拒否権が与えられているため、安全保障理事会が常任理事国の意見の一致を得られないままに国際平和に関する主要な責任が果たされない場合が生ずる。その場合に対応するため、総会が一定の集団的措置をとる「平和のための結集決議」ができることとなっている。

こうしたさまざまな論点を勘案するとき、国際連盟や不戦条約、そして国際連合の戦争違法化を通じた戦争の廃絶という課題は、未だ解決に向けて途上にあることが理解されるであろう。何よりも国際連合においても、「制度としての戦争」の全面的排除が課題として残されたままとなっている。この課題を追求することこそ、憲法9条の戦争放棄・軍備撤廃という基軸が求めているはずのものである。にもかかわらず、「勢力均衡による平和」を維持するために各国が軍事力を国際連合に提供するということは、むしろ「制度としての戦争」も全面的に排除しなければ戦争廃絶とはいえない、という課題の解決を逆行させかねない。

戦争による問題解決を合法化する世界は常に戦争の危機にさらされることになり、決して戦争そのものを廃絶することはできないのである。

# 第6章

# 戦争廃止を求めて
## ――憲法9条に至る非戦思想

## 大正デモクラシーと「第三の戦後」

第一次世界大戦は、人類史からみれば未曾有の惨禍をもたらしたものであった。しかし、ヨーロッパの戦場から遠く離れた日本にとっては、元老・井上馨《かおる》がいみじくも述べたように「今回欧州の大禍乱は、日本国運の発展に対する大正時代の天佑《てんゆう》」(『世外井上公伝』第五巻)であり、年来の中国問題を一挙に解決すべき「千載一遇」の機会と捉えられた。イギリスの拒否にもかかわらず、いわば強引に「日英同盟の情誼《じょうぎ》」を理由に参戦したのは、それによってイギリス・フランス・ロシアと協調して「東洋に対する日本の利権を確立せざるべからず」というだけでなく、さらには「日本を孤立せしめんとする欧米の趨勢《すうせい》を、根底より一掃せしめざるべからず」というアジアにおける覇権を求めるものであった。

大戦中の一九一五年に大隈重信内閣が中国に対して突きつけた「対華21カ条要求」は、まさにそうした日本の勢力拡張要求であり、第一次世界大戦後の民族自決主義や植民地拡張を自制するという国際的な思潮、さらには中国の主権尊重・領土保全・門戸開放などを要求するアメリカの主張と真っ向から対立していくことになった。しかし、同時に第一次世界大戦後の自由主義、平和主義を求める世界的な思潮は日本にも波及し、憲政擁護運動と共振することによって政治のみならず経済や文化など諸分野にわたって大正デモクラシーと呼ばれる時代が訪れた。しかし、それはまさに「内に民主主義、外に帝国主義」といわれたように、矛盾をはらむものであった。

他方、第一次世界大戦によって戦争が、単に軍事力によって勝利が決まるのではなく、経済力や思想力などの総合力に左右される総力戦の時代に移ったことは、軍備撤廃・戦争廃止に向けての戦争違法化との流れとはまったく逆の軍備強化論を促すものとなっていった。

こうして日清、日露戦争の後を受けて戦勝をもって迎えた「第三の戦後」は、さまざまな軍備撤廃・戦争廃止の試みにもかかわらず、「第四の戦後」を生むことになってしまった。結果的にみれば、戦争違法化に向けた一九一九年からの動きは、一九三九年のナチス・ドイツによるポーランド侵攻に対してイギリス・フランスが宣戦布告して始まった第二次世界大戦までの「二〇年間の休戦」を維持しただけに終わったとみることもできなくはない。しかし、一九四五年の敗戦に至るまでの間も、軍備撤廃や戦争廃止を要求する運動や思想はけっして途絶えることはなく、憲法9条が生み出されてくる、その瞬間を用意していたのである。

ここではそれらを詳細にたどる紙幅は許されていないが、以下、日本の非戦をめぐる運動と思想状況の国際的連携という新たな動向に目配りしながら、最後に憲法9条につながる議論について触れておきたい。

## 1 国際連盟に対する日本のスタンス

### 第一次大戦の嬰児として

一九一九年のパリ講和会議に出席する全権団の牧野伸顕《のぶあき》には、ウィルソン大統領の「平和のための14カ条」に対して、イギリスと共同歩調をともにしつつ大勢に順応するという訓令が与えられた。しかし、唯一、国際連盟問題については例外とされ、「本件具体的成案の選定は、なるべくこれを延期せしむるに努め、たんに希望案のごときものに取りまとめ、制度の実行方法は各国の宿題とし、さらに実行しうべき成案の討議を、将来の相当の時機まで各国の熟考に付するを可とす」というものであった。

国際連盟設立に関する議事の引き延ばしをはかり、各国に持ち帰らせることで実質的な連盟設立案の骨抜きを指示していたのである。それは、国際連盟が欧米の「持てる国」の勢力現状維持をはかるための政治的機関として設置されるものであり、日本など「持たざる国」の将来の発展を抑える目的をもつのではないか、と警戒していたからであった。五大国の一角に加わったとはいえ、すでに日本の戦時中の利権拡大行動については、「火事場泥」「侵略的軍国主義の権化」「第二のドイツ」という非難が欧米そしてアジアの各国から起こっており、旧ドイツ領や中国における日本の要求を制限しかねない国際機関が常設されることは極力、阻止しなければならないと日本政府は考えていたのである。

そのことは全権団に随行した近衛文麿《このえふみまろ》がパリに出発する前に発表した「英米本位の平和主義を排す」(『日本及日本人』第七四六号、一九一八年一二月一五日)という論文において、講和会議の基本がイギリス・アメリカの経済的帝国主義を維持するための便法にすぎないと非難していたことにも現れていた。しかし、近衛はまた同時に講和会議の意味を「人類が正義人道に本《もとづ》く世界改造の事業に堪《た》うるや否やの一大試錬なり」との予感も抱いていたのである。そして、フランスにおいて戦場跡を目の当たりにした近衛は、「戦慄すべき流血と犠牲との、かのごとき惨禍は、ただただ国際連盟という一嬰児《えいじ》を産み落さんがための産みの苦しみとしてのみ始めて容認せらるるなり」(『戦後欧米見聞録』一九二〇年)と書かざるをえなかった。軍事技術の限りを尽して破壊された戦跡に立ったとき、人類が戦争再発のための機構を生み出すことさえできないのであれば、甚大すぎる惨禍を償うことはできないとして、近衛もまた国際連盟の存在意義を是認せざるをえなかったのである。

**日本国際連盟協会**

一九二〇年四月、世界的に設立されていた国際連盟協会の日本組織として日本国際連盟協会*が結成されたのは、こうした国際連盟の世界平和建設にもつ意義を無視できなくなったためであった。そこにはまた一九二一年八月以降、国際連盟日本代表となった石井菊次郎が「二〇世紀以降においては最早《もは》や侵略的行動は流行せぬと共に絶対に排斥せらるる状態を呈して来ている」(「世界平和の光輝ある機関」『国際知識』第三巻一号、一九二三年一月)と指摘していたように、第一次世界大戦後に世論が国際問題処理において、大きな影響力をもつようになったことに対応する必要性が認識されていた。そこには民間団体であるはずの国際連盟協会での中国代表の日本批判が、外交機関としての国際連盟の議論にも影響を与えており、日本人がそれに対処できなければ外交上もマイナスとなるとの判断も働いていた。日本国際連盟協会の中心となったのは、そうした国民世論が国際政治を動かす「新外交」の時代の到来を意識せざるをえなかった外務省関係者や在欧日本人、そして国際法研究者たちであった。

国際連盟協会は連盟の精神を周知徹底させるために世界各地で組織され、各国における軍縮促進運動や平和思想普及の担い手として活動し、一九三三年には世界で三千の支部をもつに至った。日本国際連盟協会は外務省の主管で、各県に支部を置き、知事が支部長となっていた官民団体であった。協会内に婦人部や学生部を置き、大学内の国際連盟研究会などとの連絡にあたっていたが、四八の大学に支部組織がつくられていくことによって、国際組織とつながりをもった平和運動が展開されることになったのである。連盟協会は、世界の平和を確保するために、各国の国民の間に世界情勢についての知識や平和思想を涵養《かんよう》することを目的として、第一次世界大戦の終戦記念日である一一月一一日の平和記念日に大

＊国際連盟協会世界連合は、各国の民間団体・国際連盟協会の連合体として組織され、国際連盟発足前の一九一九年に第一回世界連合会議を開催して、国際紛争の平和的解決や軍備制限問題などを論議していくことを決議していた。日本国際連盟協会は、その後、大隈重信を会長、江原素六（えばらそろく）と阪谷芳郎（さかたによしお）を副会長に一九〇六年に設立されていた大日本平和協会（↓139頁）を一九二五年五月に合併し、その事業を受け継いだ。また、国際連盟脱退後は日本国際協会に改称。さらに太平洋戦争勃発後は日本外政協会となった。

近衛文麿

石井菊次郎

植原悦二郎

穂積重遠

会を開催したほか、全国各地での巡回講演会やラジオ国際講座の放送などをおこなった。また、機関誌『国際連盟』（のち『国際知識』）や一般向け冊子『世界と我等』などの刊行物では、第一次世界大戦後の世界情勢の変化に伴う平和達成の方法や国際法転換の意味、そして何よりも軍備縮小の必要性を説く論説が掲載されていった。

例えば、イギリス留学後、大日本帝国憲法下で国民主権を唱えた異例の政治家であった植原悦二郎は「これまで世界の平和を維持するには、各国のバランス・オブ・パワーすなわち権力の均衡によって維持できるものと思って居った」（「国際連盟の価値」『国際連盟』第一巻六号、一九二一年七月）。しかし、「この戦争によって従来の権力均衡によって世界の平和を維持することができないということを知」り、勢力均衡政策がかえって戦争を招くものであり、これに代えて世界の主要国が新たな平和維持方策として採用したのが国際連盟方式にほかならないことを力説していた。しかしながら、その転換に対する「わが国民一般の態度は誠に同情が無く冷淡」であり、その認識の欠如に危機感を抱き、国際連盟規約に現れているような国際平和についての思想の普及が不可欠であるとみていた。

また、法学者の穂積重遠《ほづみしげとお》は「国際連盟が世界の将来に取っての新紀元を画するものであることは云うまでもないが、法律学に取っても国際連盟規約は正に新紀元である。第一九世紀の法律学はフランス民法典に出発した。第二〇世紀の法律学は国際連盟規約を転機として一新されねばならぬ」(「法律の国際化」『国際連盟』第一巻三号、一九二一年四月)と述べて、国際連盟規約のもつ画期性を高く評価していた。

穂積によれば、「世界大戦は、勿論人類の大不幸であった。しかし、それは人類が一団体であると云うことを教えた。戦争するにも世界全体でなくてはならなかった。平和を締結するにも世界全体でなくてはならなかった。戦争のこの痛切にして高価な教訓を無にせずに、その世界全体でなくてはならないと云う事実を具体化しようと云う企てが即ち国際連盟であって、国際法の事実上の根拠はここに成立した」のであり、国際連盟が世界各国共通の統一法をつくりだすための世界法運動(Weltrechtbewegung)の中心となるという期待さえしていたのである。「しかしながら、国際法が遵守履行されて国際連盟が完全なものになるためには、更に精神上の基礎が確実でなくてはならぬ。それは即ち各国各人の国際心(International mind)であり、世界的良心(World conscience)である」ことを強調し、「この国際法の原動力を涵養することが各国国際連盟協会の事業であって、人類として最も働き甲斐のある仕事である」と説諭していたのである。

このほか機関誌『国際連盟』には、国際法の動向について興味深い記事が随時掲載されている。そのなかには不戦条約が結ばれる五年前の一九二三年の時点で、アメリカのボーラー議員の戦争非合法化運動について紹介し、戦争が世界最大の犯罪である以上、すべての国民は戦争をもって国際紛争の合法的手段とみなすべきではなく、犯罪として法律に明記すべきであると主張していた。そして、海賊や奴隷売買が法的な犯罪となったのが最近のことであることに鑑みれば、犯罪のなかでも最大の不正、最も破壊的な戦争が法律によって保護されているような事態に人類がいつまでも停滞していいのか、と論じていたのである（無署名「戦争を犯罪とすべし」『国際知識』第三巻七号、一九二三年七月）。

協会はまた国際連盟による一九三二年のジュネーブ軍縮会議に向けて軍備縮小論の普及に取り組み、婦人部を動員して広報と署名活動を展開し、強大な軍備は戦争の原因であり、戦争の誘因となる軍備を徹底的に縮小することによって戦争防止をはかるという世論の喚起をめざしていた。

国際連盟協会は、このように平和構築のための知識普及活動を展開していったが、植原悦二郎が危惧していたように、国際連盟と戦争違法化体制に対する国民の冷淡と無関心を変えていくことはできなかった。イギリスの国際連盟協会が一九三〇年には一〇〇万人におよぶ会員を擁し、議会に対して協会の意見を反映させていたのに対して、日本国際連盟協会の会員は最大でも一万人をわずかに超えるにとどまった。

しかし、それ以上に国民の間には、国際連盟が日本の発展を抑えるだけの機関であるとの宣伝がむしろ普及し、満洲事変以後は国際連盟に反対する世論にいかに対処しつつ国際協調を進めるかを提言することが協会の課題となった。しかし、太平洋戦争に突入すると協調路線を唱えること自体が不可能となり、事実上の活動を停止していった。

こうして国際連盟協会は、その積極的な活動にもかかわらず第一次世界大戦後に生じた国際法の転換、そして戦争違法化という非戦の制度化の潮流についての知識を、国民の間に普及させることには必ずしも成功しなかった。そして、国際連盟の「国際機構による平和」形成という歴史的意義についての認識は、現在においてもほとんど変わらない状況にあり、そのことは当然に憲法9条の歴史的な意味をなおざりにすることにもつながっている。

なお、国際連盟には外部機関としての連盟協会のほか、組織内にもフランスの政治家で国際連盟設立に尽力し、ノーベル平和賞を受賞したレオン・ブルジョワの第二回総会での提言を入れて一九二二年一月に発足した国際知的協力委員会があった。委員会には国民の相互理解こそが国際平和をもたらすために最大の基盤となるとして相互理解と国際教育を進めるために各国から委員が集められ、哲学のアンリ・ベルクソン、物理学・化学のマリヤ・キュリー（キュリー夫人）、理論物理学のアインシュタインなどのほか、日本からも田中館《たなかだて》愛橘《あいきつ》や山田三良《さぶろう》、姉崎正治《あねざきまさはる》などが委員として参加した。また、教育機関としてパリに知的協力国際学院が設立され、一九二六年から活動を始めている。さらに、各国には国内委員会が組織され、日本についての情報を国際的に発信しており、滝精一による英文『日本美術年鑑』や高柳賢三らによる日本民法と商法の英訳が刊行されたほか、日本の大学についての情報周知活動などをおこなった。その事業はのちに国際文化振興会に引き継がれていった。また国際知的協力委員会は、国際連合においてユネスコとして発展している。

## 2　非戦思想と平和運動の連鎖

### バルビュスとクラルテ運動

ところで、ハーグ平和会議などによって高まっていた国際紛争の平和的解決の気運が勢力均衡政策の破綻によって一挙に消え、世界戦争へと発展していくなかで、思想家や知識人が戦争阻止よりも戦意昂揚に加担したことは、戦時中から反省を呼び起こしていた。

フランスでは戦争勃発とともに挙国一致を求めるユニオンサクレ（神聖同盟）が結成され、文化人がドイツに対する敵意を煽っていた。そうした気運のなかで文学者のアンリ・バルビュス（Henri Barbusse 一八七三－一九三五年）は、第一次世界大戦前から「諸国間の仲裁のためのフランス協会」理事として仲裁制度による戦争防止を唱えていた。にもかかわらず、ドイツが勝利すれば軍国主義の勝利となり、自由と民主主義の祖国フランスの敗滅につながると考えて、四一歳で志願して戦場に赴いていった。しかし、実際に戦場に立ち、塹壕《ざんごう》の泥濘《でいねい》のなかでバルビュスがみたのは、神聖な国民の使命と説かれていた崇高さとはかけ離れている現実であった。戦場には一片の愛国の栄光もなく、砕け散った肉体が視野の限りまで広がり、毒ガスが充満する空間には悲惨しかなかったのである。バルビュスは、その悲惨と破壊を招き、国民を精神的危機に陥れた根源となるものを問い詰め、ドイツの敗北を求めるのではなく、一握りの人々が戦争で利益を得る体制そのものを崩壊させないかぎり、永久にこの無間地獄から人々は解放されないと考えるに至る。

戦時中に刊行されゴンクール賞を受賞した小説『砲火』や『クラルテ』（光の意）には、「指導者たちは、極秘のうちにつくりあげた既成事実を、いきなり人民の前につきつけて、『今となってはもうおそすぎる。もはや取るべき道はただひとつ、殺されるのがいやなら、殺すだけだ』」と命令されたまま、戦場に置き去りにされた兵士たちがみた戦争の実態があばき出されている。バルビュスは、その戦争体験から、戦争によって利益を得ている資本主義体制を転換することこそが戦争の廃止につながるとして「旧出征軍人共和連盟 ＡＲＡＣ」を組織し、非戦とロシア革命擁護のための運動を指導していった。

そして、第一次大戦後、戦争廃絶のためには世界各地の知識人の連帯が不可欠であるとしてクラルテ（Clarté）運動に着手した。クラルテ運動は、地球の人類は一つであり、その全地球規模での連帯によって万人平等の世界共和国の建設をはかり、平和を達成しようというものであった。このクラルテ運動には、アナトール・フランス、ステファン・ツヴァイク、Ｈ・Ｇ・ウェルズ、ゴーリキー、タゴールなどの文学者が賛同したこともあって、ヨーロッパのみならず、エジプトや南北アメリカに支部をもつ国際的な非戦運動として広がっていった。

このときバルビュスの運動が党派的であり、暴力的であることを批判したのが、『ジャン＝クリストフ』などの小説で大きな影響を与えていたロマン・ロラン（Romain Rolland 一八六六－一九四四年）であった。フランス国民が「戦争をなくすための戦争」に狂奔していたとき、ロマン・ロランはスイスにあ

アンリ・バルビュス

ロマン・ロラン

小牧近江

って、あらゆる非難に耐えながら戦争反対の声を挙げ続けており、力に対する理性の優位を信じて、一切の暴力を否定する立場から革命主義を採るバルビュスに反対していたのである。しかし、その後、イタリアやドイツにおけるファシズムの台頭に対してはバルビュスと協力して戦うこととなり、一九三二年八月にはアムステルダムで反戦世界大会を開催し、三三年には「反戦・反ファシズム闘争世界委員会」（通称、アムステルダム・プレイエル委員会）を成立させた。

この政治的な思想や信条を越えて広汎な人々の結集をめざした運動は、バルビュスの死後、一九三六年にフランスとスペインに人民戦線政府が組織されることにつながったのである。

## 『種蒔く人』と『クラルテ』

そして、第一次世界大戦中、パリ大学で学びながらロマン・ロランに心酔し、その後フランス文学者の吉江《よしえ》喬松《たかまつ》とともにバルビュスに会い、その思想と社会的行動に共鳴してクラルテ運動に参加したのが小《こ》牧《まき》近江《おうみ》（本名、近江《おうみ》谷《や》駉《こまき》。一八九四－一九七八年）であった。小牧がみたバルビュスのクラルテ運動とは、万国の思想家・文学者・芸術家などあらゆる人の精神的結合と具体的行動によって平和を実現しようとするものであり、「いやしくもインターナショナルの精神の所有者は団結して、芸術家の理想、その与えられたる権限において一日も早く新たなる秩序を建設するために起たねばならない。そして、芸術家は、再び資本主義の道具となるような戦争を傍観してはならない。単なる精神主義の平和論者ではなくて、戦争と戦争するための、革命的非戦論者になり切らなければならない」(『アンリ・バルビュスの芸術と思想』一九二二年)というものであった。それは従来の非戦論が個々人の思想としてそれぞれに唱えられていたために、第一次世界大戦を阻止できなかったという反省から、非戦思想を世界の人々の連帯の絆《きずな》として、しかも「街頭に出でて思想の行商人」となって戦争廃絶をめざしていく運動として提起するものであった。

小牧はこの運動を日本で普及させるためにフランスから帰国し、一九二一年には秋田県の土崎港で金子洋文《ようぶん》らと雑誌『種蒔《ま》く人』を刊行したが三号で発行を中止し、東京で佐々木孝丸らと再刊することとなった。東京版の『種蒔く人』には青野《あおの》季吉《すえきち》や平林初之輔らも参加し、「反戦・反軍国・反特権」をスローガンに掲げ、非軍国主義や水平社を特集したりして、初期プロレタリア文学運動に多大な刺激を与えた。しかし、一九二三年の関東大震災の際、労働者一〇名が亀戸署で虐殺された亀戸事件に抗議して「種蒔き雑記」を掲載したことによって廃刊に追い込まれている。『種蒔く人』の廃刊後、『文芸戦線』を創刊した小牧は日本のプロレタリア文学誕生にあたって文字通り、種をまいたのである。戦後は、法政大学教授や中央労働学院院長などを務め、晩年は鎌倉で平和運動に尽力し、「革命的非戦論者」であることを自らに課し続けたのである。

バルビュスの平和運動は、北海道拓殖銀行に勤務していた小林多喜二《こばやしたきじ》にも影響を与えており、島田正策、平沢哲夫らとともに北海道・小樽で同人雑誌『クラルテ』を刊行していた。雑誌は一九二四年から三年、わずか五号の短命に終わったものの、のちに日本のプロレタリア文学を代表する作家となる小林の文学的出発点となったものである。小牧のクラルテ運動はまた京都の経済学者、ジャーナリストであった住谷悦治《すみやえつじ》（戦後、同志社総長）にも影響を与え、一九二五年には雑誌『クラルテ』を発行していた。同誌には、フランスにおけるクラルテ運動についての小牧の見聞談などが掲載されている。

こうした日本におけるクラルテ運動は『種蒔く人』や小牧らのバルビュス『クラルテ』の翻訳などを通じて、植民地朝鮮から日本に留学していた金基鎮《キムキジン》や金熈明《キムヒミョン》などにも影響を与えた。金基鎮は帰国後、バルビュスのクラルテ運動やロマン・ロランを紹介するとともに、民族独自の種をまくために一九二五年、朝鮮プロレタリア芸術同盟（カップ　ＫＡＰＦ）を組織したが、度重なる検閲や検挙を経て三五年には強制的に解散させられている。

文学における非戦思想の連鎖の事例としては、トルストイの非戦思想に共鳴した武者小路実篤が、第一次世界大戦中に戦争を告発するために書いたレーゼドラマ（読む戯曲）『ある青年の夢』（一九一七年）が中国の魯迅の弟・周作人によって高い評価を受け、それを読んだ魯迅が「新日本の非戦論を代表するものである」として初めて日本文学の翻訳に着手し、一九二一年に『一個青年的夢』として刊行したという事実がある。魯迅は訳者序文において、「国家の立場から見ずに人類の立場からものを見て、はじめて永遠の平和が得られるのです。しかし、民衆から目覚めなければ駄目でしょう」という武者小路の言葉に感銘を受け、将来必ずそうならなければならないと信じている、と共感を込めて記している。

このほか、第一次世界大戦後にはドイツのアインシュタインやイギリスのバートランド・ラッセルの平和運動なども日本で紹介され、ともに日本を訪れて良心的徴兵拒否などの運動を日本人に伝えていた。こうした非戦思想の連鎖や国際的な連携がみられたのが一九二〇年代の特徴であり、キリスト教社会運動家の賀川豊彦《かがわとよひこ》（一八八八－一九六〇年）も一九二五年、アインシュタイン、ロマン・ロランそしてインドのタゴールやガンディーらとともに、「徴兵制撤廃の誓い」に署名して国際連盟に提出していたのである。

**婦人平和運動の国際的連携**

賀川豊彦は、神戸のスラム、新川《しんかわ》に住民の生活向上のために助力する施設としてのセツルメントを設け、そこに住みながら無料巡回診療などを続けたことで知られている。そして、賀川が、その活動で影響を受けたのが、一八八九年シカゴのスラム街にアメリカ最初の貧困者・移民の救済センター「ハル・ハウス Hull House」を設立し、子どもや女性の地位向上と労働条件改善、そして女性の参政権獲得運動を指導したジェーン・アダムズ（Jane Addams 一八六〇－一九三五年）であった。アダムズはトルストイ主義の立場を貫き、すべての戦争に対して反対を唱え続けた非戦論者として日本の婦人運動にも影響を与えたが、賀川もハル・ハウスを訪れてアダムズから直接に教えを受けていた。

アダムズはまた第一次世界大戦開戦とともに、イギリスやハンガリーなどの女性参政権論者の要望に応じて、停戦の斡旋をウィルソン大統領に働きかけるために一九一五年に女性平和党（Women's Peace Party）を結成し、党首として非戦運動を指導していた。

すでに欧米諸国では一九世紀から婦人参政権を求める運動が進められてきていたが、第一次世界大戦勃発とともに目前の課題として停戦を要求する運動に重点が置かれることとなっていた。それは総力戦となった第一次世界大戦では兵器生産をはじめとして、出征した男性の職業に替わって女性が動員されただけでなく、民生物資よりも軍需物資が優先的に生産されるために食糧や衣料などの日常生活物資が欠乏し、子どもの成長にも障害となってきていたためでもあった。この窮状に対し、女性が本来任務としてきたことは人類生存のための食糧確保であるとして、「平和とパン」の獲得が婦人平和運動の目標に掲げられたのである。

こうした目標達成に向けてアダムズらは大戦中の一九一五年に中立国であったオランダのハーグで第一回国際婦人会議を開催し、戦争の即時停止を各国首脳に呼びかけること、婦人参政権の実現をめざすこと、戦後再び女性会議を開催して恒久的平和確立のための国際婦人運動を継続していくことなどを決議し、事務局を設置していた。そして、終戦後の一九一九年、ハーグ会議に集まった女性たちはスイスで第二回会議を開き、戦後の新しい国際情勢に対応するための国際組織として婦人国際平和自由連盟（Women's International League for Peace and Freedom, WILPF）を結成、単に戦争を否定するだけではなく、戦争発生の条件を排除するための運動を推進していくことを目的に、二二カ国の支部をもつ国際団体として活動を始めた。アダムズはその会長に選出され、当時審議中の国際連盟機構問題に恒久平和組織としての実態をもたせるための要望案を提出していた。

このような婦人平和運動の活発な国際的連携活動のなかで、イギリス・カナダでは一九一八年に、アメリカでは一九二〇年に婦人参政権が認められていった。しかしながら、日本では一九〇〇年に公布された治安警察法第5条によって女性の政治的結社への加入、政談集会への出席や発起人になることが禁止されており、平和運動をおこなうためにも女性の政治参加権を獲得する必要があった。そして、一九二〇年、アメリカ・イギリスなど三六カ国の代表を集めてジュネーブで開催されていた万国婦人参政権協会の大会に出席したガントレット恒子（一八七三－一九五三年）は、ドイツ人スツリッツ博士が「私共が四年前に参政権を持っていたら、この戦争は防ぎ得られたのではないだろうか。戦争こそは家庭の破壊である。婦人たちは絶対に戦争を排撃する。世界各国の婦人が参政権を得て世界平和のために尽力することを望む」（『七十七年の思ひ出』一九四九年）と語るのを聞いて、婦人参政権と平和の関連について漠然とした考えしかもっていなかったことを悟ったという。

ここに婦人参政権の獲得と平和の達成という課題が、日本においても一つのものとしてつながったのである。帰国後、恒子が婦人矯風会《きょうふうかい》*の久布白落実《くぶしろおちみ》らにこのことを伝えたことにより、一九二〇年、日本婦人参政権協会が結成され、以後、万国婦人参政権協会と連絡をはかることとなった。婦人矯風会の機関誌『婦人新報』の扉には、この年から「我等の目標」の一つとして「世界の平和」が掲げられている。

また、一九二一年のワシントン軍縮会議には会頭の矢島楫子《かじこ》が一八の婦人団体から一万人の署名を集め

ジェーン・アダムズ

ガントレット恒子

た平和請願書を提出していた。そして、二八年一一月の『婦人新報』は平和特集を組み、三〇年の第三九回大会では婦人矯風会に平和部を設けることが満場一致で承認されていた。

他方、日本婦人参政権協会が結成された翌年の一九二一年五月、日本初の女性平和団体として日本婦人平和協会が結成されている。協会は、井上秀（のち日本女子大学校校長）を会長に、ガントレット恒子や河井道（のち恵泉女学院創設）などを理事として組織され、「人類相愛の心が一つになって永遠の平和のために最善の努力をすることは真に今日の急務と信じます。殊に私共女性としては当然の希願でなくてはなりません。……できるだけ多くの人々の心に平和に対する憧憬を切にし、各自の立場において、平和のために、最善の努力をすることはなによりも手近な、堅固な有力な平和促進の基礎的事業と信じます」（『婦人平和協会趣意書』一九二一年）として、入会を呼びかけていた。協会が組織されるにあたっては婦人国際平和自由連盟の働きかけがあったといわれるが、一九二三年に「平和の母」と呼ばれていたアダムズが来日したことにより、日本婦人平和協会の名称のまま婦人国際平和自由連盟の日本支部として承認され、世界的な連携をもって運営されることになった。

日本婦人平和協会は、会報を刊行したほか、各地の女学校などで国際情勢理解のための講演会などを開催したが、特に活動の中心課題とされたのが軍縮に向けた世論形成であった。国際的にも一九二二年にワシントン軍縮会議と並行して開催されたアメリカ女性軍縮会議に会長の井上秀が参加し、また一九二四年の「戦争の原因解明と解決策のための会議」にはガントレット恒子が招待されていた。また、日本国際連盟協会婦人部と日本婦人平和協会とはメンバーも重なっていたために活動をともにし、一九三二年の国際連盟軍縮会議に際しては一八万名を超える署名を集めて会議に提出している。

軍備を撤廃し戦争を廃止するためには、参政権をもつ女性たちが国際的に連携し非戦の声をあげていかなければならないという想いに、人々が突き動かされていた時代が確かにそこにはあったのである。

## 日本婦人平和協会の軍備撤廃論

それでは、日本婦人平和協会はいかなる方法で平和の構築をはかろうとしたのであろうか。

*婦人矯風会（正式名称は、日本基督教婦人矯風会）は一八九三年にキリスト教婦人団体として結成され、婦人保護事業や酒害防止などの社会活動をおこなった。なお、日本において婦人参政権運動の先鞭をつけたのは、平塚らいてう、市川房枝らによって一九一九年に結成が発表された新婦人協会であり、その請願活動によって一九二二年治安警察法第5条の改正が実現した。以後、久布白や市川らは婦人参政権獲得期成同盟会などを組織して運動を続けたが、大日本帝国憲法下では実現せず、一九四五年一〇月のマッカーサーの五大改革指令によって婦人参政権付与が指示され、同年一二月の選挙法改正により、男女ともに二〇歳以上の選挙権と二五歳以上の被選挙権が認められることになった。そして、四六年四月の選挙によって三九人の女性議員が生まれ、日本国憲法草案の審議に加わったのである。

満洲事変勃発後の一九三一年に協会理事であった野見山不二子《のみやまふじこ》は、問題解決のためには「国際主義の確立によって民族主義と帝国主義との必然の衝突を避け、各国家相互扶助の世界に努力する外、道がない」(「神業も尚及ばず——世界平和の確立」『家庭週報』第一一〇二号、一九三一年一一月)との観点から、日本の帝国主義と中国の民族主義の衝突を、相互の扶助を進める国際主義によって解決することを提案していた。

野見山は日中の衝突が、日本軍が派遣された中国という場所で起こっているという事実を直視したうえで、日本国民が率先してなすべきことについて、「日本帝国よりして、武断的という形容詞を取り去り、我が国を名実共に一等国とする国民一般の努力が必要です。今後世界から認められるのは、日本の武力ではなく、日本人の正義を愛し、国際文化向上に貢献するの多少であります」として、武力の行使によってではなく、文化というソフトパワーによって紛争解決と国際交流をはかるべきことを主張していた。こうした日本のあり方は戦後において唱導された文化国家論を先取りするものでもあった。野見山の主張において、さらに注目すべきは、婦人平和運動がめざすべき世界のあり方を明示していることであり、「世界が真の意味で国際主義になり、世界各国の経済的自由活動が保障され、世界の人口問題が解決され、軍備縮小さらに進んでは撤廃が実現され、そんな世界では、富の力や軍備の力より以上に、人間の人格力、創造力が尊ばれる世界がくるとき、日支の問題も一点の曇りをのこさぬ解決が出来るからであります」と述べていた。ここには平和を実現するための条件として国際的な経済的自由があげられるとともに、軍備縮小、さらには軍備撤廃が課題となることが認識されていた。当時、マスコミにおいては満洲事変を自衛行動であると正当化し、その戦果に沸き立ち、満洲領有さえ唱えられていたことを鑑みれば、野見山の主張は日本の世論とはまったく方向性を異にする意見であった。

しかしながら、満洲国建国以降、こうした議論の自由は奪われていく。とりわけ国際的連携、なかでもアメリカとの連携は厳しく制限され、太平洋戦争開戦直後、婦人平和協会にも解散命令が出されて活動を終えることになった。しかも解散後も会員に対しては厳しい監視が続いており、日本婦人平和協会のほか、日本婦人参政権協会、基督教平和協会などで主導的役割を果たしたガントレット恒子*は、国際結婚をしていたこともあってスパイ容疑がかけられ、戦争中は家族が投獄されたり、憲兵、特高などの監視や悪意に満ちた投書のなかで生活の自由一切を失うこととなった。恒子は当時の「私の胸中を去来した痛恨の感情は言うまでもなく、約二五年近く世界平和を叫んで来た自分が、ついに一言も戦争反対の声を挙げ得なかったその事である。私はただただ自分の非力を神にお詫びするばかりである」（前出『七十七年の思ひ出』）とその慚愧《ざんき》の念を吐露している。一九五一年一二月に平塚らいてう、上代タノ、市川房枝らと「再軍備反対婦人委員会」を結成し、アメリカの上院議員に向けて「私たちは、もう二度

＊ガントレット恒子は一九歳のときに婦人矯風会に入会した。夫は東京商科大学などで教鞭をとったイギリス人エドワード・ガントレット。なお、一九二八年、ハワイに本部を置いていた太平洋協会の婦人部は、太平洋地域における女性の連帯をめざして汎太平洋婦人会議を開催したが、アダムズが議長に招かれてアジア諸国の女性連携を進めた。日本からは婦人平和協会会長の井上秀を団長に、ガントレット恒子、市川房枝、吉岡弥生（のち東京女子医大学頭）、藤田たき（のち津田塾大学学長）、正田淑子、ジャーナリストの北村兼子らが参加した。恒子は一九三四年汎太平洋婦人会議で会長に選ばれた。この会合から汎太平洋東南アジア女性協会が生まれた。

と私たちの子や夫を、戦地に送らないようにきめました」というアピールを送ったのは、そうした戦時中へ日本が回帰することを拒絶するためであったのかもしれない。

こうした戦前の国際婦人平和運動の歩みは、非戦思想が息づくためには、国際協調と国民主権という基軸が一体となって保障されていなければならないことを物語っているのである。

## 3　軍備撤廃・戦争廃止論の諸相

### 沈黙を強いられる非戦思想

さて、戦前の日本においてはさまざまな人々が軍備撤廃や戦争廃止を唱えていた。しかしながら、私たちは現在その全貌を知ることはできない。一九三〇年代に入ると非戦思想を掲載した月刊誌はもちろん、浅見仙作《せんさく》の『喜の音』、金沢常雄の『信望愛』、伊藤祐之《すけゆき》の『新シオン』、住谷《すみや》天来《てんらい》の『聖化』などの個人誌も次々と発行禁止処分や廃刊を強いられていったし、発行禁止を免れても検閲による削除や伏せ字によって肝心の箇所をみることはできなくなっていったからである。

日中戦争が始まった一九三七年七月には、内務省警保局長から各府県特高課長に宛てて、戦争目的に反する記事掲載に関して「各主要日刊新聞通信社および主要雑誌発行所の責任者と懇談」すべしとの指令が出されたが、その「懇談」を通じての「自発的協力」とは実質的な事前検閲であった。また、同年一二月には内務省警保局が雑誌社に対して戸《と》坂潤《さかじゅん》、鈴木安蔵、中野重治などの原稿掲載を見合わせるように内示したが、こうした掲載禁止者の指定は「懇談」などを通して次第に内密のうちになされることになった。さらに、執筆にとどまらず、政池仁《まさいけめぐむ》は非戦平和論を唱えたとして一九三三年三月に静岡高等学校を辞任せざるをえなくなっていた。矢内原《やないはら》忠雄も『中央公論』一九三七年九月号に掲載した「国家の理想」が反戦思想を煽るものであるという軍部などの攻撃によって、一二月には東京帝国大学を辞職していた。国際平和団体などは次々に解散命令を受けて活動を停止していき、その指導者は特高警察や憲兵隊などの監視下に置かれることになった。

　このように一九二〇年代に高まった国際的連携による平和運動や非戦思想が抑圧され、沈黙を余儀なくされていくことが、戦意昂揚や戦争遂行のための条件となっていったのである。そうした思想状況が十数年続くなかで非戦という考え方が埋没し、人々の意識から消えていったことは、ある意味では当然であったかもしれない。戦後の憲法構想のなかで戦争放棄・軍備撤廃という規定が、少なからざる人々にとって意外に感じられたとしても不思議ではない。

　しかしながら、確かに日本人のなかに戦争放棄・軍備撤廃という非戦思想はあった。それらについてはすでに述べてきたことによって明らかなことと思われる。しかし、最後に憲法9条に直接につながると思われる主張について、そのエッセンスだけを掲げておくことにしたい。

## 水野広徳の軍備撤廃論

水野広徳《ひろのり》（一八七五－一九四五年）は、海軍軍人として日露戦争に参戦し、『此《この》一戦』（一九一一年）というベストセラーとなった海戦史を書いて文名を得た人である。水野は海軍軍人としてアメリカのアルフレッド・マハンの唱えていた海上権力《シー・パワー》による制海権を維持するための軍備増強論に同調していた。水野は軍備の増強が抑止力となって強国間の戦争を回避することができるという「武装平和」論を採っていたのである。

しかし、第一次世界大戦後のヨーロッパ視察によって、強大な軍備をもった国家間の戦争がいかに残酷であり、戦勝国にとっても敗戦国にとっても深い爪痕を残すのかを痛感して、「愛国的見地」から軍備撤廃、戦争絶滅を主張するに至った。そして、一九一九年八月には、ベルリンにおいて政治家、軍人など在留邦人を前に次のようなテーブルスピーチをしている。

凡そ戦争を防ぎ、戦争を避くるの途は一にして足らぬであろうとは言え、即時実効を挙げるの法は、各国民の良知と勇断とに依る軍備の撤廃あるのみである。国際連盟の唱える軍備縮小の如きは五十歩百歩の論にして、戦争の発生を幾分緩和するの効はあらんも断じて戦争を絶滅するの途ではないと確信する。人類は今に於て平和に目覚めざれば更に恐るべき戦禍に苦しまねばならぬであろう。……我国は列国に卒先して軍備の撤廃を世界に向って提唱すべきである。これが日本の生きる最も安全の策であると信ずる。

（「後編　剣を解くまで」『反骨の軍人・水野広徳』一九七八年）

このスピーチがいつの時点でなされたかを伏せて示せば、多くの人は一九四六年以降と思われるのではないだろうか。それほどにこの軍備撤廃、戦争絶滅の議論は憲法9条の精神と合致している。もちろん、水野は即時軍備撤廃論だけを主張したわけではなく、現実的にそれをどのように達成していくかについては軍事的知識に即しながら考え続け、尾崎行雄らの軍縮運動やイギリスのフェビアン協会の平和思想などに共鳴しながら、軍国主義・帝国主義的侵略政策に反対する立場を貫いた。なかでも日本が採っていたアメリカを仮想敵国とする軍備増強策に強く反対して、一九三二年に『打開か破滅か　興亡の此の一戦』と題する日米未来戦争小説を公刊したが発禁処分となった。しかし、改訂改題して『日米興亡の一戦』として刊行しているが、そこにはその後の日米が実現していくことになる戦争の過程と戦時下の欠乏生活、そして空襲に逃げ惑う国民の姿などが活写されている。

だが、水野の日米非戦論は受け入れられることはなく、不幸にも水野の予見は現実のものとなってしまった。そしてさらに不幸なことに、水野は子息の戦死を知らないまま敗戦直後の一〇月に死去した。もし、あと一年余、生き延びていれば、水野が四半世紀前にベルリンで構想していたように、日本が列国に率先して軍備の撤廃を世界に向かって提唱するという日を迎えることができたであろう。

いや、もっと不幸だったのは私たち日本国民であったのかもしれない。天が、水野に持論を自由に展開する時間をあとわずかでも与えていたならば、私たちは憲法9条を、日本人自らの非戦思想の長い水脈の成果として、世界に向けて発信することができたはずだからである。

## 憲法改正による軍備全廃

さて、水野広徳とは異なる方法で軍備全廃を唱えたのが、一九二〇年代に外交問題や軍備問題で論陣を張った鹽津《しおづ》誠作《せいさく》（一八七六－一九三二年）であった。鹽津はホノルルの邦字紙『日布時事』などに記事を送ったり、『ムッソリニ』（一九三一年）などの訳書などによって国際情勢を報じていたジャーナリストであったが、不戦条約による戦争違法化よりも軍備全廃を実行することの重要性を訴えていた。

鹽津は、一九二八年段階で速やかに軍備全廃をおこなわなければ、「次の世界大戦で、この地球上の人類と、文明とは、破滅に瀕《ひん》するであろう」（「軍備縮小より全廃へ」『外交時報』第五六一号、一九二八年四月一五日）と第二次世界大戦が不可避となることを予告し、軍備を保持・拡張しながら不戦条約によって戦争廃止を願うことに矛盾があると鋭く指摘していた。

そして、軍備全廃の非戦思想が中国の墨子、ドイツのカントのほか、同時代ではイギリスのフェビアン協会やインドのガンディーなどの国民会議派などにみられることに注意を促しつつ、「政治家ないし政事家中、実行のできぬ議論は、一文の価値もないと言う人がある。これも一理ある。しかし経世家とか思想家の意見や理想は、百年はおろか千年万年の後もこれを考えねばならぬ。……生を享《う》ける間のみが、必ずしも一生ではない。思想や道義は、一人の生涯だけで尽きるものではない」ことを訴える。また、軍備撤廃について他国が同意すれば、自らも軍備全廃をするというのは、他人がピストルをもたないなら自分ももたない、他人が盗賊を働かないなら自分もしないというのと同じ理屈であって、「他国が同意しなくとも、自ら軍備を全廃する、勇気と確信とが、世の政治家の胸中にあって欲しい」との期待を表明していた。鹽津はさらに次のように勧めて説く。

不戦条約の形式に固執し、十分効力のあるものにするつもりならば、主権に関する問題でも何でも、戦争以外の、平和的方法で、解決する度量と勇気がなくてじゃならぬ。これが憲法に矛盾すると言うのならば、憲法を改正するがよい。国家百年の計のため、世界恒久平和のためならば、列国とも憲法を修正しても差し支えない。いな、これが最善の道であることが、明白とならば、断然各国の憲法を改正する気運を促進すべきではあるまいか。

この改正すべき憲法のなかに、大日本帝国憲法が想定されていることはいうまでもない。それは当然、天皇の軍事大権を否定することでもあった。鹽津は惜しくも一九三二年に亡くなっていたため、戦後になって憲法改正を論じる機会が訪れることはなかった。

しかし、日本国憲法によって戦争放棄と軍備全廃を規定される時点より一八年も前に、軍備全廃のための憲法改正を世界に向けて訴えようと提言していた人がいたことは、これまた憲法9条の思想水脈をたどるとき、忘れてはならない事実ではないだろうか。

## 三つの戦勝の果てに

このように、日本にとって戦勝に終わった「第三の戦後」において、敗戦に終わった「第四の戦後」において現れる憲法9条を、あたかも先取りしたような非戦思想が日本人によって、すでに提示されていたのである。しかしながら、戦勝であったがゆえか、日本人の多くは次の戦争もまた戦勝に終わるかのような根拠のない期待をもち、戦争を阻止しようとはしなかった。否、むしろ非戦思想を柔弱で卑怯な「非国民」の思想として、排撃し弾圧さえ加えた。その眼差しは、「第四の戦後」六〇年を越えて変わることなく続いているのかもしれない。

はたして、日本人が刻んできた近代の歴史から私たちは何を学びとることができるのであろうか。

この点について、内村鑑三は、第一次世界大戦後の一九二六年、日清、日露戦争、そして第一次世界大戦において戦勝国となった日本の歴史を振り返って次のように書いている（A New Civilization, *The Japan Christian Intelligencer*, 1926.4.5）。

日本が最初にヨーロッパから学んだものが陸軍と海軍であったということは、まことに嘆かわしいことである。なるほど日本は西洋式の戦闘方法の採用によって、一世紀もたたないうちに世界の列強に伍する地歩を占めた。だが失ったのは何であったか。四十年前、日本は世界で最も愛される国であった。……しかし今は、なんという違いだろう！　三回たてつづけの戦勝によって、日本は台湾と朝鮮と南洋群島を得た。しかし、それとともに全世界の愛を失った。いまや全世界は日本に向かって閉じ、日本の国民はいたるところで恐れられ嫌われている。

そして、軍備縮小が軍備撤廃に直結しない事実を指摘したうえで、軍備撤廃は誰かが「血肉と謀ることなく」（ガラテヤ書一章一六節）、すなわち自らの生存を失うとしてもそれを慮ることなく、まず実行しないかぎり実現するはずはないと説き、軍備撤廃論に対する批判を想定して、次のように反問している。

「非現実的なまぼろしにすぎない」とあなたがたはいうだろう。しかし、あなたがたのいう武装した文明というのは、現実的であったか。自らその非現実性を証明したのではなかったか。むしろ、武装しない平和こそ、唯一可能な平和ではないのか。かつての日本の武士は、勅令によって刀を奪われたとき、非常な不安を感じた。しかし一度この攻撃と防御の武器を奪われてみると、かえって以前よりも安全を感じたものである。……ああ、私の愛する祖国は、その若い未経験な明治時代の政治家の指導のもとで、この文明とはいえない西洋文明を、そっくりそのまま受け入れてしまったのだ！

そして、内村は軍備なくしては存在できない文明から離れて、日本が軍備なき新文明の担い手となるべきときに際会していると力を込めて説く――「今こそ、日本は眠りから醒めるべきときである。膨大な軍事予算をともなうこの西洋文明は、完全に放棄されなければならない。日本は新しい文明を、真に文明であるところの文明を始めなければならない。それは戦争のない文明であり、……わが日本が国家的宣言を発して、五十年前武士の武装解除をしたように国家の武装解除を宣言し、こうして全世界に新文明を招来しうるなら、それはなんとすばらしい日であろう」と。

内村がこのように書いてから、ほぼ二〇年後に、日本は世界に向けて、内村の言葉に沿ったような戦争放棄・戦力不保持の武装解除を憲法9条という国民的宣言として発した。

しかし、それが実現するまでに、戦場となったアジアだけで二千万にものぼる無辜《むこ》の命が、むざむざと奪われなければならなかったのである。

# 第7章

# 憲法9条の現れ
## ——湧き出す非戦思想の水脈

## 日本国憲法への発進

一九四五年八月一四日、日本政府は御前会議においてポツダム宣言受諾を決定し、翌一五日正午から終戦詔書が放送された。以後、日本はポツダム宣言第10項の「日本国政府ハ日本国国民ノ間ニ於ケル民主主義的傾向ノ復活強化ニ対スル一切ノ障礙《しょうがい》ヲ除去スヘシ言論、宗教及思想ノ自由並ニ基本的人権ノ尊重ハ確立セラルヘシ」という民主主義化によって、第12項にいう「日本国国民ノ自由ニ表明セル意思ニ従ヒ平和的傾向ヲ有シ且責任アル政府カ樹立」されるまでの間、占領下に置かれることになった。

他方、連合国とりわけアメリカの第二次世界大戦の戦後処理構想において、先例とされたのは第一次世界大戦後の経験であり、ドイツに一〇万の陸軍と兵員一万五千の海軍の保有を認めたことがやがてナチス・ドイツ軍の台頭を準備したという認識から、第三次世界大戦を引き起こさないためには、敗戦国の完全非武装化しかないという考えが広がっていた。そのことは一九四五年一月と三月のアメリカのギャロップ世論調査で、ドイツと日本の永久的非武装化を支持する者が、およそ九〇%の高さに至っていたことからもうかがい知ることができる。

しかし、同じく第一次世界大戦後の経験からすれば、ドイツが過大な賠償と経済的封鎖措置によって戦勝国に対して反感をたぎらせ、報復戦争に走ったような窮境に日本を追い詰めることは、最も避けなければならない愚策であった。それはアジア地域において新たな戦争の火種となるだけでなく、ひいてはアメリカ自体への危害となりかねなかった。

その意味では、日本が軍事国家としての体制を脱却して民主主義国家として成熟し、経済的にも自立して国際社会に復帰することは、アメリカの経済的負担を軽減し、さらにアジアにおける自由な経済活動を発展させていくためにも重要な要請であった。さらにまた冷戦において対立が先鋭化しつつあったソ連に対して太平洋での防護壁となる日本を自由主義体制側の一員として確保しておくことは、アメリカの世界戦略からみても重要な前提となっていた。

こうした日本の非軍事化と民主主義化というアメリカの占領方針を日本側が理解していたとすれば、占領を一日も早く終了させるためには、憲法改正とそれによる民主主義的な政治体制の確立が不可欠となるはずであった。しかしながら、内閣法制局の一部で憲法改正への準備が着手されてはいたものの、日本政府としてはポツダム宣言受諾後もその必要性をまったく認識していなかった。

しかし、一〇月一一日、幣原喜重郎《しではらきじゅうろう》首相は連合国総司令官マッカーサーとの会見で憲法改正を示唆され、一三日に松本烝治《じょうじ》を委員長とする憲法問題調査委員会の設置を閣議了承した。しかしながら、それは調査委員会と名づけられていたように、憲法の改正を前提としていたのではなく、あくまで必要性を調査するための非公式のものであった。ただ、ここから政府の意図を超えて日本国憲法の出現に向けて動きだし、そのなかで憲法9条が湧き出てくる水路が開かれることになった。憲法9条の思想水脈をたどってきた歩みの最終章として、ここではその出現過程を簡単に跡づけておきたい。

## 1 憲法改正の前提

### ポツダム宣言とハーグ条約

さて、占領下における憲法改正という事態については、すべて連合国軍総司令部（GHQ）の自由裁量でおこなわれたという誤解がされやすい。しかし、連合国軍総司令部そしてマッカーサーは、けっして何らの制約を受けない超越的な存在だったわけではない。その占領は法令的に、二つの規定から外れることは許されなかった。

その第一はハーグ「陸戦ノ法規慣例ニ関スル規則」であり、その第43条では「国の権力が事実上占領者の手に移りたる上は、占領者は、絶対的の支障なき限、占領地の現行法律を尊重して、成るべく公共の秩序及び生活を回復確保する為施し得べき一切の手段を尽すべし」と定められており、それに違反することは連合国軍総司令部も避けていた。そして、第二にポツダム宣言第12項の「日本国国民ノ自由ニ表明セル意思」に従うという規定であり、憲法改正についてもそれに適合しているかどうかは重要な判断基準とされた。

しかも、その判断は連合国軍総司令部が自由におこないえたのではなく、あくまで日本占領の最終責任を負うアメリカ政府の指示によるものであった。そのことは総司令部民政局（GS）による憲法改正に関する公式見解である「日本の政治的再編成 Political Reorientation of Japan」においても、「連合国が、日本国民が自らの改革をおこなうことを期待したことは、ポツダム宣言に最初から明白に述べられてあった。この明白な宣言に従って、アメリカ政府は、連合国軍総司令官として日本占領中のマッカーサー元帥を指導すべく、初期戦後政策指令を作成した」と明記されている。

さらに、そのアメリカ政府もまた自由裁量権をもっていたわけではない。アメリカもまた連合国の一員として、日本占領に関して各国の意向を無視することはできなかったのである。

## 日本占領の管理機構

それでは、日本占領はいかなる機構を通しておこなわれていたのであろうか。

まず、一九四五年一〇月に極東諮問委員会（FEAC）が設立されたが、これにはソ連が不参加であり、占領行政に対する勧告権しかなく、連合国軍総司令部を事実上拘束するものではなかった。そのため一二月に開催されたモスクワでのアメリカ・イギリス・ソ連の外相会議によって対日管理機関として極東委員会（FEC）が設置され、アメリカ・ソ連・イギリス・中華民国（以上4カ国が拒否権をもつ）とフランス・カナダ・オランダ・オーストラリア・ニュージーランド・フィリピン・インドの一一カ国が構成国となった。極東委員会は連合国総司令官に対して指令を発し、その行動の可否を検討していった。その出先機関として東京に置かれたのが対日理事会（ACJ）であった。以後、日本の憲法や政府機構の根本的改革については、極東委員会の決定と指令に従ってマッカーサーがおこなうことになったが、特に憲法・法制改革を担当した第三委員会は、一九四六年三月以降、日本国憲法制定に関する会議を三八回にわたって開き具体的な指示を与えている。*

こうした国際的な占領管理機構とともに、マッカーサーが憲法改正を進めるうえで、もう一つの規制要因となったのが、アメリカの国務・陸軍・海軍の三省次官補クラスで構成された対外政策機関としての三省調整委員会《スウィンク》（SWNCC）の指示であった。この委員会から一九四六年一月一一日、マッカーサーに送付された文書が「日本の統治体制の改革」（SWNCC 二二八）であり、これはGHQが憲法起草を進めるうえで大きな拘束力をもつものとして扱われた。この文書は、ポツダム宣言を勘案して「日本国民が、その自由意思を表明しうる方法で、憲法改正または憲法を起草し、採択すること」を前提にしながら、天皇制を廃止ないし改革する方向で指導することとしていた。そのため天皇大権として規定されていた大日本帝国憲法の規定中、「軍事に関する権能を、すべて剝奪」する方針を示していた。

*極東委員会には、「降伏条項の完遂上準拠すべき政策、原則および基準を作成する」権限が与えられていた。とりわけ、「日本の憲政機構または占領管理制度の根本的改革にかかわる指令は、極東委員会における事前の協議および意見の一致の後にのみ発せられるものとする」との規定によって憲法制定問題に関しては特別な権限をもっており、アメリカ政府や連合国軍総司令部は特別に配慮せざるをえなかったのである。

そして、「日本における軍部支配の復活を防止するためにおこなう政治的改革の効果は、この計画の全体を日本国民が受け入れるか否かによって、大きく左右される」ことを重視し、そのことを配慮して総司令官が日本政府に改革の実施を「日本政府に命令するのは、最後の手段としての場合に限られなければならない。なぜなら、諸改革が連合国によって強要されたものであることを日本国民が知れば、日本国民が将来にわたってそれらを受け入れ、支持する可能性は著しく薄れるであろうからである」と記して、連合国総司令官による強要を戒めていた。マッカーサーもまた、この方針に沿って、可能なかぎり強要されたという印象を与えないように配慮を怠らなかったのである。

## 天皇戦犯訴追と憲法改正問題

しかしながら、三省調整委員会の意向とは異なり、占領政策を遂行するために天皇制維持の方針を採ることとしたマッカーサーにとって、天皇制廃止の方針を採る三省調整委員会との決定的対立を避けるためにも、日本の再軍事化を回避することを明確化する必要性が出てきていた。

さらにまた、天皇を戦犯として訴追することを強く要求していたソ連・中華民国・オーストラリア・ニュージーランド・フィリピンが参加する極東委員会が一九四六年二月に本格的な活動を開始する前までに、憲法改正の方針を決定し、天皇制の維持を確定しておく必要に迫られていた。

こうした情勢の変化に対応すべく、一月二五日、マッカーサーはアイゼンハワー陸軍参謀総長に向けて、過去一〇年間の日本政府の政治的決定に関し、それを天皇に結びつけて刑事的措置をとりうる明白な証拠はなかったと報告し、ここに天皇の戦犯としての不訴追が決定した。マッカーサーは、天皇不訴追の意義について、「天皇を起訴すれば、間違いなく日本人の間に激しい動揺を引き起こし、その反響は計り知れない。何よりも占領軍を大量に増大することが絶対に必要となる。最小限でも一〇〇万人の軍隊が必要となるであろうし、その軍隊を無期限に駐留させなければならないような事態も十分にありうる」と述べていた。効率的で円滑な占領の遂行という要請から、天皇の不訴追が決定されたのである。しかし、天皇を戦犯から除外することに対してはソ連や中華民国など連合国内の一部から反発が起こるのは必至であり、それをいかに解消していくかが課題となっていた。

しかも、ほぼ時を同じくして訪日していた極東委員会の代表団と連合国軍総司令部の会談において憲法問題がとりあげられたが、その応酬のなかでマッカーサーや民政局長ホイットニー（Courtney Whitney 一八九七－一九六九年）は、極東委員会が憲法改正について決定を下す以前でなければ、連合国軍総司令部が憲法改正に関して指示を与える権限を失うとの判断をもつに至った。そして、まさにその極東委員会訪日団が日本を離れた二月一日、『毎日新聞』が「憲法問題調査会試案」をスクープしたのである。

この案自体は委員の一人であった東京帝国大学憲法学教授・宮沢俊義《としよし》の私案に近いものであり、調査委員会の松本委員長がまとめた「憲法改正要綱案（松本案）」ではなかった。しかしながら、スクープ事件を契機として、すでに民間草案や政府案骨子を検討していたホイットニーらは、連合国軍総司令部主導による憲法草案起草に向けて急速に動きだすこととなった。なぜなら、日本政府案が閣議決定を経て提出されるまでには、まだまだ時間がかかりそうであり、また提出されたとしてもスクープされた

マッカーサー

ホイットニー

松本烝治

「憲法問題調査会試案」を見るかぎり、大幅な訂正を必要とすることが十分に予想されたからである。
　そしていったん政府案が公表され、これに対して改正要求を出すことになれば、「日本の統治体制の改革」（SWNCC二二八）が最も注意を促していた憲法改正が「連合国によって強要されたものであること」を公然と世界に示すことになり、日本国民の自由意思によって政治体制を選択しうるというポツダム宣言にも反することになる。それは活動を始めた極東委員会の介入を招くだけでなく、天皇の戦犯訴追や天皇制廃止を要求する意見が優勢な極東委員会との深刻な対立を引き起こすことは避けられないはずであった。
　ホイットニーはスクープ記事が出た翌日の二日、マッカーサーに宛てて「私は、我々の受け入れ難い案を、彼らが正式に決定して提出するまで待った後に、新規まき直しで再出発するように強制するよりも、憲法改正案が正式に出される前に彼らに指針を与えるほうが、戦術として優れていると考える」と進言していた。この提言を受けたマッカーサーは翌三日、連合国軍総司令部において憲法草案を起草する際の指針となる原則をあげた「マッカーサー・ノート」をホイットニーに示し、さらに翌四日、ホイットニーはラウエルやケーディスらの民政局行政部の担当者に指示を与えて起草作業に入ったのである。

## 松本委員会の憲法改正要綱

他方、日本政府の憲法問題調査委員会の松本烝治委員長は自ら訂正した「憲法改正要綱」を二月八日に連合国軍総司令部に提出したが、そこでの軍事関連の規定は第11条中に「陸海軍」とあるのを「軍」と改め、かつ第12条の規定を改め、「軍の編制および常備兵額は法律を以て之を定む」とするものであった。* 要するに天皇の軍隊への統帥権は認めたまま、軍の編成と軍事費の決定を議会による法律事項に改めたのである。

松本は「憲法改正要綱」に添付した説明書において、ポツダム宣言第10項の要求する「民主主義的傾向の復活強化」と「基本的人権の尊重の確立」の趣旨に沿って起草したと記していた。しかし、ホイッ

*大日本帝国憲法の第11条は「天皇ハ陸海軍ヲ統帥ス」、第12条は「天皇ハ陸海軍ノ編制及常備兵額ヲ定ム」であった。「憲法改正要綱」の作成には、内閣法制局の入江俊郎と佐藤達夫らがかかわったが、陸海軍の編成および軍事費を法律事項とすることによって、「従来のごとき陸海軍が再び設けらるることあるべしとする一派の固陋（ころう）なる人々の夢想を阻止するにおいて適切なるべしと思料す。もし軍備全廃の今日の実状に則し軍に関する憲法上の規定を全廃するものとせば、かえって上述のごとき夢想を抱く者を暗々裡に発生せしむるの虞（おそ）れある」（「憲法中陸海軍ニ関スル規定ノ変更ニ付テ」『日本国憲法制定資料全集（1）』）という意図が込められていたという。なお、憲法問題調査委員会では松本案のほか、宮沢俊義が手を入れた第11条と第12条を削除した乙案も作成されたが、これは公表されなかった。

トニーらは、この案を大日本帝国憲法体制の微温的な修正にすぎず、最も保守的な民間草案よりも、さらにずっと遅れたものであり、一見しただけでも「改正」という名に値しないものであると判断した。「憲法改正要綱」が、あくまで大日本帝国憲法の条文を修正しただけのものであり、政治体制や国民の人権について再検討するという姿勢をまったく欠いたものであったことは、条文の字句いじりに終始したその作業過程からしても明白であった。天皇主権の位置づけについてもまったく変更がみられなかったし、国民の権利には大日本帝国憲法と同じく、ほとんどに法律による制限が付されていたからである。

連合国軍総司令部は自らの憲法草案をモデルとして提示する以外に方法がないとして「憲法改正要綱」に対する覚書作成と総司令部草案起草のために、夜を日に継ぐ作業を進めていった。そして、二月一三日、「憲法改正要綱」への総司令部の回答を聞きに訪れた松本烝治や吉田茂外相、白洲《しらす》次郎終戦連絡事務局参与に対し、ホイットニーは日本の「憲法改正案は、自由と民主主義の文書として最高司令官が受け容れることのまったく不可能なものです」（高柳・大友・田中『日本国憲法制定の過程・I』）と切りだし、天皇象徴制と戦争放棄とを基軸とする連合国軍総司令部案を提示した。その際、ホイットニーは、この案を受け入れることが天皇制維持と国民の基本的人権を保障することになり、ひいては日本が連合国の占領から自由になる日を早めることになると述べ、さらに「最高司令官は、この文書によって、敗戦国である日本に、世界の他の国々に対し、恒久的平和への道を進むについての精神的リーダシップをとる機会を提供している」として、戦争放棄条項のもつ意義を力説したのである。

こうした展開自体、松本らには、まさしく晴天の霹靂《へきれき》であったが、それは改正作業の実務を担っていく内閣法制局の佐藤達夫が「日本国憲法受胎の日」と振り返ったように、憲法、いや日本社会にとっても転生の瞬間となった。しかしながら、自らの案は連合国軍総司令部のめざす憲法改正の方向と同じであることを主張する松本は、あくまで「憲法改正要綱」の再考を促す要請を続け、二月一九日になってようやく閣議で報告している。そして、二一日の幣原喜重郎首相とマッカーサーとの会談における戦争放棄についての議論の報告を経て、二二日に連合国軍総司令部案の受け入れを決定したのである。

それでは、マッカーサーによって「世界の精神的リーダーシップをとる機会」と推奨された戦争放棄条項は、いかなる制定過程を経て憲法9条へと結実していったのであろうか。

## 2　戦争放棄条項の起草過程

### マッカーサー・ノート

一九四六年二月三日、憲法改正に織り込まれるべき「必須要件 musts」としてマッカーサーからホイットニーに提示されたものが「マッカーサー・ノート」*ないし「マッカーサー原則」と呼ばれるものである。そのうち主要な三項目は「一、国の元首にあたるものとしての天皇の地位や世襲としての皇位を定め、天皇の職務と権能は憲法と国民の意思に従う。二、自衛戦争の放棄。三、封建制度の廃止。皇族以外の貴族の権利を現存者一代限りとし、華族の政治的権力を喪失させる」というものであった。

このうち憲法9条につながるのが、第二項である（以下、説明のために便宜的に文章毎に①、(1)、(i) などの番号を付す）。そこでは、

①国の主権的権利たる戦争は、廃止する。

②日本は紛争解決のための手段としての戦争、さらに自己の安全を保持するための戦争をも、放棄する。

③日本は、その防衛と保護を、今や世界を動かしつつある崇高な理想に委ねる。

という前段の三つの規定と、「④日本が陸海空軍をもつ権能は、将来も考えられることはなく、交戦状態の諸権利が日本軍に与えられることもない」という後段から成っている。**

このうち、①と②は、すでに検討した一九二八年の不戦条約（↓186頁）の第1条「締約国は、国際紛争解決のため戦争に訴うることを非とし、かつその相互関係において国家の政策の手段としての戦争を放棄する」によったものである。ただ、①の戦争の「廃止 abolished」と②の戦争の「放棄 renounces」とは意味合いが異なり、不戦条約では「放棄 renounce」が用いられていた。しかし、ここでは①が従来の国際法の前提となっていた「制度としての戦争」を一切廃止し、②において「自衛としての戦争」をも特段に放棄する、という構成になっていると解釈することができる。

いずれにしても、不戦条約が参考にされたことは戦争放棄条項の修正を担当したケーディスが、後年のインタビューのなかで度々、言及していたことであった。ただ、この条項がすでにマッカーサー・ノ

ートにあることからすれば、軍人であったマッカーサー自身もまた不戦条約を参考にしていたことになるが、これはマッカーサーの任地であったフィリピンにおいて、不戦条約を前提に一九三五年憲法第二章第3条で「フィリピンは国家の政策の手段としての戦争を放棄する」といった条項があったことを想起する必要がある。③にいう「今や世界を動かしつつある崇高な理想」とは、具体的には国際連合をさしており、戦争を放棄した日本の「防衛と保護」は、国際連合に委ねるということが想定されていたのである。問題は直接的に「自衛としての戦争」の放棄を規定していた②の条項であるが、その推移を知るためにはマッカーサー・ノートから憲法9条への条文化の過程を追う必要がある。

## ハッシーとケーディスによる条文化

マッカーサー・ノートにおける戦争放棄関連部分は当初、これを前文のなかで宣言するというハッシ

＊従来、「マッカーサー・ノート」は、「マッカーサー三原則」と呼ばれたように、天皇の地位や戦争放棄などの三項目が問題とされてきた。しかし、その後に「イギリス予算制度にならう」「議会の一院制への変更」の二項目が付加されている。前者は、明治憲法第71条の予算不成立時に前年度予算を執行する制度の廃止を求めたもの、後者は華族制度と貴族院廃止に伴う措置として提起されたものと思われる。

＊＊原文は以下の通り。① War as a sovereign right of the nation is abolished. ② Japan renounces it as an instrumentality for settling its disputes and even for preserving its own security. ③ It relies upon the higher ideals which are now stirring the world for its defense and its protection. ④ No Japanese Army, Navy or Air Force will ever be authorized and no rights of belligerency will ever be conferred upon any Japanese force.

ー案が出されたが、それでは法的な規範性が希薄となるとして、マッカーサーの指示によって本文に置かれることとなった。その際、法的な実効性をもたず宣言的性格をもつ③の部分は前文に置かれたが（→11頁）、ハッシー（Alfred R. Hussey）によって前文として起草された第一次案では、戦争放棄に関する条項は、

（1）国の主権的権利たる戦争は、廃止する。

（2）いかなる国であれ他の国との紛争解決の手段としては、武力による威嚇または武力の行使は、永久に放棄する。（The threat of force is forever renounced as a means for settling disputes with any other nations.）

（3）陸軍、海軍、空軍その他いかなる戦力をもつ権能は、将来も与えられることはなく、交戦状態の諸権利が国に与えられることはない。

となっている。

この段階でマッカーサー・ノートでは④として元来は別項となっていたものが、項を分けずに（3）として一つの条文となったが、より重要なことはマッカーサー・ノート②が消え、その後復活することなく最終案に至ったことである。これについてはケーディスがのちに自衛戦争を否定することは不自然であると考えて削除したが、ホイットニー民政局長も同意したと回顧している。*

しかしながら、ハッシーが起草した前文の段階から、この部分は削除されていたのである。これは不戦条約においても自衛戦争については留保されていたという考えに基づいて削られたのであろうが、ハ

ッシーという一個人の自発的判断というよりも、ホイットニーが二月四日の民政局における会合で指示した原則にかかわっている。すなわち、ホイットニーはそこで憲法案起草において「国連憲章に明示的に言及する必要はないが、国連憲章の諸原則は、われわれが憲法を起草するにあたって念頭におかれるべきである」と強調していたからである。

そして、国連憲章の第51条（↓203頁・注）では、あくまでそれは安全保障理事会が必要な措置をとるまでの暫定的期間という限定がかかっていたにせよ、国家の自衛権を認めていたからである。しかし、国連憲章が集団的自衛権や個別的自衛権を認めていたのは、それが一九四五年六月二五日に調印されたものであったことに留意する必要がある。このときドイツとの戦争そして沖縄戦は終わったものの、日本との戦争は未だ続いており、連合国（United Nations）の安全保障体制を求めて設立された国連（United Nations）がその憲章において加盟国に集団的自衛権や個別的自衛権を認めないとすれば、現に遂行している戦争の正当性根拠を失うことになるため、こうした規定を置くのは当然だったのである。この意味で、戦争放棄の志向と国連憲章の規定との間には、大きな隔たりがあり、そのことは憲法9条の審議の

＊ケーディスは犬丸秀雄氏に宛てた一九八一年八月四日付書簡において、「そのような文言は余計なものと考えました。すべての国は自己保存の固有の権利をもっておりますので当該文字は私には非現実的（unrealistic）なように思えました」（犬丸秀雄監修『日本国憲法制定の経緯』一九八九年）と書いているが、一九五〇年にマッカーサーが日本の再軍備化を要請して以降のGHQ関係者の証言は、戦争放棄条項自体が非現実的選択であったことを強調し、再軍備を正当化する必要もあって、自らが起草した当時の意図をその正当化に沿って説明しがちであり、事実とは異なる場合が多いことに留意しておく必要がある。

なかでも問題とされたが、実際には一九五六年の国際連合加盟に際して軍備撤廃・戦争放棄した憲法をもっていることは問題とされなかったのである。

しかしまた、国連憲章が戦争放棄条項に与えた重要な意義を看過することはできない。それはマッカーサー・ノートからハッシー・ケーディス案へと条文化される過程において現れた変化にみることができる。すなわち、マッカーサー・ノートの①と②において想定されていたのは、ともに直接的で物理的な武力の発動としての戦争であったが、ハッシー案では（1）で②のように自衛戦争を特にとりあげることなく、全般的な戦争を廃止したうえで、（2）において戦争に至らない「武力による威嚇又は武力の行使」もまた放棄する、という規定が加わったのである。

この修正は（1）に規定された戦争規定との重複を避けるためであるとも考えられるが、それ以上の強い意図が込められていたとみるべきである。これもまた国連憲章とかかわるが、その第2条4の「すべての加盟国は、その国際関係において、武力による威嚇又は武力の行使を、いかなる国の領土保全又は政治的独立に対するものも、また、国際連合の目的と両立しない他のいかなる方法によるものも慎まなければならない」からとられていることは疑いないからである。この規定は不戦条約を批准しながら、戦争状態に入ったにもかかわらず、戦時国際法遵守違反を逃れるために、宣戦布告をしないままに「事変」と称して「事実上の戦争」が遂行されたことへの反省に立つものであった。

こうして永久に放棄すべきものとして、「国権の発動たる戦争」と「武力の行使」と「武力による威嚇」という三つの軍事力の発現がとりあげられることになったが、これによって戦争につながる可能性も含めて、あらゆる武力の存在が永久に放棄されることになった。そうである以上、この条項だけでも戦力不保持を含意しているとの解釈が可能となるのである。そこには「慎まなければならない」とする国連憲章と「永久に放棄する」と規定する憲法9条第1項との違いがある。

また、(3)において、「その他いかなる戦力 other war potential」が加わったことも注意を要する。これは軍事工場の武器生産力なども潜在的な戦力とみなされたことを意味しており、第一次世界大戦以降の戦争が総力戦となったことに鑑みて、軍事力に転用できるものを規制することを目的としたものであった。そのこともあって、「交戦状態の諸権利」が与えられない主体が、④の「日本軍」から「国 state」へと変えられている。

なお、この戦争放棄条項は(3)が独立の条文とされたことにより、二カ条となったが最終的な連合国軍総司令部案では一つの条文の第1項と第2項にまとめられた。

### 連合国軍総司令部案・憲法8条

こうして前文として起草された戦争放棄関係の条文は一部が前文に残されたほかは、新憲法における平和主義の決定的重要性を世界に訴えるために、マッカーサーの指示によって第一章に置かれるはずであった。その意図について、二月二二日、戦争放棄規定をあくまで原則的規定にすぎないものとしておきたいと主張する松本烝治や吉田茂らに対して、ホイットニーは「異例で劇的な形でなされるべき」だとして、次のように説明していた。

昨日最高司令官が幣原氏に申しましたように、この条項は、恒久的平和への動きについて、世界に対し道徳的リーダーシップをとる機会を、日本に提供するものであります。戦争の放棄ということが、他の諸原則の宣明の中に埋没するようなことがあってはならず、その目的に十分添うように、くっきりと際立った形で述べられなければなりません。マッカーサー元帥は、他の何にもまして第一番に、この原則によって、（日本が）世界から好意的な眼で注視されるようになるだろうと思っています。そしてまさに現在、日本は世界から好意的な眼で注視される必要があるのです。

（高柳・大友・田中『日本国憲法制定の過程・Ⅰ』）

しかし、ハッシーとケーディスによる修正を経た連合国軍総司令部案では、第一章が大日本帝国憲法にならって「天皇」の章とされたため、「第二章　戦争の放棄 Renunciation of War」として第8条に置かれた（三月二日の日本政府案において天皇の条項が一条増えたために、第9条にずれることになった）。こうした処置について、ホイットニーは前記の二月二二日の会談で、「この原則を、憲法草案の第一章ではなく第二章としたのは、天皇および天皇が日本国民の心の中に占めている地位に敬意を表してのことです。私自身としては、この原則が決定的重要性をもつことに鑑み、戦争の放棄を新憲法草案の第一章に置きたいと考えるくらいです」とその変更の意味を説明していた。

もちろん、新憲法を国民が支持しやすいようにするというホイットニーが強調していた方針にとっても、また天皇を戦犯として訴追させないために戦争放棄規定を置くというマッカーサーの基本原則からしても、「天皇」の章への配慮は不可欠であったに違いない。しかし、それとともに重要であったのは、ポツダム宣言において要求されていた「日本国国民の自由に表明せる意思」によってつくられたという体裁をとる必要があり、そしてまた支障のないかぎり被占領国の基本法制を尊重することを規定した、ハーグ「陸戦ノ法規慣例ニ関スル規則」第43条を考慮したためであった。この規則に即して日本国憲法も、憲法制定会議などの機構をつくることなく、*あえて大日本帝国憲法の改正としての手続きをとり、憲法の章別編成も大日本帝国憲法に則った形式をとることとされたのである。

こうして二月一三日に日本政府に提示された総司令部案の第8条は、「(i)国の主権的権利たる戦争は、廃止される。(ii)武力による威嚇または武力の行使は、他国との紛争を解決するための手段としては、永久に放棄される。(iii)陸海空軍その他いかなる戦力も、将来認められることはなく、交戦状態の諸権利が国に与えられることはない」という三項一条から成るものとなった。

この戦争放棄条項を含む連合国軍総司令部案に対して松本烝治は拒否する態度をとって回答をしぶったため、一九日には四八時間以内の回答期限が設定された。これに対して政府は二二日まで回答の延期

*民政局による憲法改正に関する公式見解である「日本の政治的再編成」では、憲法制定のための機構をつくらなかった理由を、ハーグ「陸戦ノ法規慣例ニ関スル規則」第43条と関連づけて、「純粋に法律的な見地からは、現行憲法（＝大日本帝国憲法）の枠内には全面的改正のための機構は存在しなかったし、かつ、かくの如き機構を作ることは、ハーグの規約を破る軍事占領者の不適当な干渉だと考えられる恐れがあった」と説明している。

を希望したが、ホイットニーはそれを認めるとともに「この憲法草案を十分に理解すれば、それが、天皇の尊厳と一身を護り、修正された形で天皇制を護らしめるものであり、世界の諸国民の中で道徳的リーダーシップをとらしめるものであり、連合国から非常な好意をかちえしめるものであり、かつ、連合国による日本管理の期間を著しく短くすることを可能ならしめるものであることに、閣僚が気がつくことは確実であると信ずる」と伝えたという。ここにはマッカーサーやホイットニーらが新憲法草案にいかなる政治的な効果を期待していたかが如実に示されている。天皇の戦犯不訴追および天皇制護持という問題と憲法9条は、不可分一体のものとして提起されたのである。

## 3　憲法9条の確定に向けて

### 「憲法改正草案要綱」から「憲法改正草案」へ

松本らはこうした政治的効果よりも自らの案に固執したが、総司令部案に対する回答が避けられないとして、ようやく二二日の閣議では第一章と第二章の松本烝治訳を、そして二六日の閣議で全文の外務省仮訳を配布して討議に入ったのである。

その後、松本の下で入江俊郎と佐藤達夫が条文整理にあたり、「三月二日案」と呼ばれる日本政府の案文を作成した（↓11頁）。その際、総司令部案の前文は省かれ、松本が起草した憲法9条では、総司令部案の（i）と（ii）が続けられて「戦争を国権の発動と認め武力の威嚇または行使を他国との間の争議の解決の具とすることは永久にこれを廃止す」という第1項となり、（iii）は「陸海空軍その他の戦力の保持および国の交戦権はこれを認めず」という第2項となった。第1項では、戦争の廃止と武力の威嚇・行使がまとめられたために、本来は「武力による威嚇または武力の行使」に限定されていたはずの「他国との争議の解決の具とすること」が、「戦争」にもかかるように読めることになり、ともに「永久に廃止す」となった。また、（iii）では「国に与えられることはない」という他律的規定であったものが、わが国として「認めない」という自律的な規定となった。

こうして総司令部案を日本文として成文化する作業の結果は、三月四日に松本と佐藤によって連合国軍総司令部に届けられた。しかし、日本側はこのときも「三月二日案」は閣議を経ていない未定稿であるとして、報告だけで終わると考えていた。しかし、連合国軍総司令部は直ちに成文化の作業に入った。松本は途中退席したが、一人残された佐藤が一睡もしないまま三〇時間におよぶ逐条検討をおこない、三月六日に「憲法改正草案要綱」として発表されたのである（新聞掲載は七日）。

この「憲法改正草案要綱」は、二月一日の『毎日新聞』のスクープ以来、政府の憲法改正作業をまったく知らされていなかった国民には、まったく異なる草案として迎えられた。このとき天皇は勅語を発して「朕曩《さき》にポツダム宣言を受諾せるに伴い、日本国政治の最終の形態は日本国民の自由に表明したる意思に依り決定せらるべきものなるに顧み、日本国民が正義の自覚に依りて平和の生活を享受し文化の向上を希求し、進んで戦争を抛棄《ほうき》して誼を万邦に修むるの決意なるを念《ねが》い」、憲法の根本的改正によって国家再建の礎を定めることを国民に訴えかけている。

同時に幣原喜重郎首相の談話も発表され、「わが日本国民が人類社会の間に名誉ある地位を占むるがためには、新たに制定さるべき憲法において、内は根本的民主政治の基礎を確立し、外は全世界に率先して戦争の絶滅を期すべきであります。即ち国家主権の発動としての戦争は永久にこれを抛棄し、他国との紛争はすべて平和的に処理するの決意を内外に宣言すべきであると信じます」と国民に訴えた。マッカーサーも「余が全面的に承認した新しき、且つ啓蒙的なる憲法を、日本国民に提示せんとする天皇ならびに日本政府の決定について声明しうる事に深き満足を表するものである。この憲法は五カ月前に余が内閣に対して発した最初の指令以来、日本政府と連合軍総司令部の関係者における労苦に満ちた調査と数回にわたる会合の後に起草されたものである」として、きわめて率直に新憲法が日本国民を啓蒙する意図をもち、しかも日本政府への指示によって作成されたことを表白している。

もちろん、この間、日本政府と連合国軍総司令部とがいかなる連絡の下に、どのような調査と会合を進めてきたことの結果として「憲法改正草案要綱」ができあがったのかは、国民には一切知らされることはなかった。しかし、国民主権と戦争放棄という大日本帝国憲法とはまったく異なる基軸によって構成された要綱は、驚きとともに新時代の息吹を示すものとして受け取られたのである。そして、要綱発表からほぼ一カ月後の四月一〇日、憲法改正を審議することになる戦後初の衆議院議員選挙がおこなわれた。この選挙は婦人参政権が認められてから初の国政選挙であり、女性議員が生まれた点で特筆されるべきものではある。ただ、憲法改正という最大の政治的争点に関していえば、それはほとんど有権者の判断材料にはなりえなかった。なぜなら、投票日に至るまで「憲法改正草案要綱」が案としては発表されていたものの、正式の政府案ではなかったし、政府案以外の憲法案を国会審議にかけることができるのか、またどこまで修正可能なのかについても知らされてはいなかったからである。

**ひらがな口語文憲法**

そして、投票から一週間後の一七日、政府の正式な「憲法改正草案」が公表された。このとき国民は、またも驚かされることになった。それはカタカナ文語体で書かれていた大日本帝国憲法と異なり、ひらがな口語体で書かれていたからである。そこには天皇が自ら定め、国民に下賜した欽定憲法とはまったく違う文体で、国民自らの決意の表明が「われらは」あるいは「日本国民は」という主語によって書かれていた。

権威と威厳の象徴として、漢語の法律用語がちりばめられた文語体を変えることは、連合国軍総司令部も日本政府もまったく想定していなかった。それが一転してひらがな口語体に変わったのは、三月二六日、安藤正次（三鷹国語研究所長）を会長に、文学者の山本有三、国際法学者の横田喜三郎、判事の三宅正太郎ら八〇名が組織していた「国民の国語運動連盟」が幣原首相に出した「法令の書き方についての建議」などを契機としていた。さらに、ひらがな口語化は、連合国軍総司令部案を日本語訳したことに伴う翻訳臭を消したいという松本烝治らの思惑とも合致していたこともあって、入江俊郎法制局長

佐藤達夫

吉田茂

芦田均

官などが口語化作業*をおこない、四月五日、閣議で了承されたものである。

こうして確定された「帝国憲法改正草案」において、憲法9条は「国の主権の発動たる戦争と、武力による威嚇または武力の行使は、他国との間の紛争の解決の手段としては、永久にこれを抛棄する。陸海空軍その他の戦力の保持は許されない。国の交戦権は、認められない」という条文となり、帝国議会における審議を受けることになったのである。

## 帝国議会での自衛論議

一九四六年六月二五日、帝国議会として最後となった第九〇特別議会は、憲法改正を審議する憲法議会として開かれることになった。それが憲法議会としての機能を果たしうることは、開会前の二つの声明によって確認されていた。すなわち、五月二九日、吉田茂首相は枢密院において草案の修正が可能である旨の答弁をしていたが、これは連合国軍総司令部が憲法を国民の意思を無視して押し通すことを懸念した極東委員会やアメリカ国務省が、マッカーサーに強く要請した結果であった。そして、マッカーサー自身、六月二一日に、「今議会に提出された政府草案は日本人による文書であり日本国民のためのものである。それを草案通り採択するか、修正を加えるかあるいは否決するか、すなわちその形式と内容とを決定するのは一に日本国民が正当に選出した議員の手によっておこなわれるべきものである」と議会における討議自由の原則を確認していたのである。これは、選挙で選ばれた国民代表による憲法審議こそが、ポツダム宣言以来重視されてきた「日本国民の自由なる意思の表明としての政治体制選択」の絶好の機会とマッカーサーらが捉えていたことを示しており、その意思表明の自由には憲法案を否決する自由をも認められていたのである。

そうした自由な討議を保障された議会において、憲法改正の焦点として注目を集めていた戦争放棄条項が、はたして自衛権まで放棄することを含んでいるのかどうかをめぐって、賛否の対立があることは、容易に予想された。そして、吉田首相は六月二五日の衆議院本会議で原夫次郎《ふじろう》議員の質問に対して、「戦争放棄に関する本案の規定は、直接には自衛権を否定してはおりませぬが、第9条第2項において一切の軍備と国の交戦権を認めない結果、自衛権の発動としての戦争も、また交戦権も放棄したもので

*入江はこのことに関して、次のような談話を発表していた。「この草案の著しい特長は形式の上にわが法制史上画期的な口語体、平仮名を採用し、用語を極めて平易にした点である。理想としては将来国民学校の初等科において日常この憲法に親しむことを念願としている。この憲法が多年要望されながら実現されなかった法の民主化の推進力となり、これによって国法が国民の日常生活に溶け込むこととなろう。将来制定される法令も新憲法の成立した後においては出来るだけこの憲法と同様の形式によりたいと考えている」(『朝日新聞』四月一八日)。

あります。従来近年の戦争は多く自衛権の名において戦われたものであります。満洲事変しかり、大東亜戦争またしかりであります」と、自衛権の発動としての戦争を明白に否定する演説をおこなった。また、野坂参三議員が、戦争には侵略戦争と自衛戦争とがあり、自衛戦争は正義の戦争である以上、侵略戦争だけを放棄すると明確化すべきではないかと質問したのに対して、吉田首相は六月二八日の衆議院本会議で次のように答弁している。

戦争放棄に関する憲法草案の条項におきまして、国家正当防衛権による戦争は正当なりとせらるるようであるが、私はかくのごときことを認むることが有害であると思うのであります。近年の戦争は多くは国家防衛権の名において行われたることは顕著なる事実であります。ゆえに正当防衛権を認むることが偶々《たまたま》〔思いがけず〕戦争を誘発するゆえんであると思うのであります。また交戦権放棄に関する草案の条項の期する所は、国際平和団体の樹立にあるのであります。国際平和団体の樹立によって、あらゆる侵略を目的とする戦争を防止しようとするのであります。しかしながら、正当防衛による戦争がもしあるとするならば、その前提において侵略を目的とする国があることを前提としなければならぬのであります。ゆえに正当防衛、国家の防衛権による戦争を認むるということは、偶々戦争を誘発する有害な考えであるのみならず、もし平和団体が、国際団体が樹立された場合におきましては、正当防衛権を認めるということそれ自身が有害であると思う。

この答弁は、一九五四年、自衛隊創設時に自衛戦争を合憲とする解釈が打ち出されるまでの間、政府解釈として国民に広く受け入れられていたものであった。思想というものの面白さと怖さは、それが必ずしも発想した人の真意とはかかわりなく普及していく点にあるが、吉田首相のこの発言も反共意識による売り言葉に買い言葉の類であったのかもしれない。しかし、その言葉を信じた人たちにとっては、それは吉田の信念の声として伝わったことも否定できないのである。

もちろん、吉田の真意が、答弁のように、本当に自衛戦争を否定し、国際平和団体の樹立にあったかどうかは不明である。なぜなら、およそ一年後には吉田の意を受けた外交官の朝海《あさかい》浩一郎が対日理事会の理事であったオーストラリアのマクマホン・ボールやカナダの駐日カナダ代表であったE・H・ノーマンに対して一〇万人程度の軍隊と小規模の空軍兵力をもつ可能性について打診していた事実があるからである。しかしながら、それ以前、少なくとも憲法制定という国家の命運を決する場において、公に首相として答弁する以上、それが全国民に対してのみならず、国際社会に対する責務を伴うものであることを吉田がまったく自覚していなかったはずはないであろう。また、この時点においては、日本は一切の軍備をもっていなかったという現実がある以上、それを前提にして過去の誤りを繰り返さず、しかも日本の安全を確保していくためには、戦争を放棄し、国連などの国際平和団体の樹立に向けて努力していくことが最善の道だと考えたとしても、それは外交官出身の現実政治家・吉田茂の選択として当然であったのかもしれない。

## 芦田修正の真実

こうした本会議での議論を経て、具体的な条文の検討は、衆議院では芦田均《あしだひとし》を委員長とする帝国憲法改正委員小委員会に委ねられることになった。この小委員会は秘密会として開催されたが、八月一日、第1項「日本国民は、正義と秩序を基調とする国際平和を誠実に希求し、国権の発動たる戦争と、武力による威嚇又は武力の行使は、国際紛争を解決する手段としては、永久にこれを放棄する」、第2項「前項の目的を達するため、陸海空軍その他の戦力は、これを保持しない。国の交戦権は、これを認めない」という傍線部分の追加と傍点部分の字句変更を施した修正案が決定され、これがそのまま現行規定となった。この小委員会での修正のうち、憲法9条解釈のうえで大きな問題となるのが、第2項の「前項の目的を達するため」という芦田による提案部分であり、これが芦田修正と称されるものである。

この修正が問題となったのは、芦田が一九五一年一月になって、「前項の目的とは何をいうか。この場合には、国策遂行の具としての戦争、または国際紛争解決の手段としての戦争を行うことの目的を指すものである。自衛のための武力行使を禁じたものと解釈することは出来ない。……従って戦力を保持しないというのは絶対にではなく、侵略戦争に限る趣旨である。……私の主張は憲法草案の審議以来一貫して変わっていない。新憲法はどこまでも平和世界の建設を目的とするものであるから、われわれが平和維持のために自衛力をもつことは、天賦の権利として認められているのである」(『毎日新聞』一月一四日)として、修正提案が、戦力不保持を侵略戦争に限定するための「秘められた意図」が込められていたものであったと証言したからである。それは自衛のための戦力保持は憲法制定時から認められていたと主張するものであった。

とはいえ、すでに前年の一九五〇年一月一日にはマッカーサーは年頭の辞で、日本国憲法は自衛権を否定したものではない、と表明しており、同月二八日には吉田茂首相が「武力によらざる自衛権は存在する」との見解を打ち出していた。また、六月に朝鮮戦争が勃発すると、八月には警察予備隊が創設されて、実質的な再軍備が始まっていた。こうした「自衛戦争のための軍備」という現実を正当化する根拠を、憲法9条の「解釈の変更」としてではなく、審議以来一貫した「もともとの立法趣旨」の「告白」として提供することに芦田の意図があった。

そして、一九五四年三月にアメリカとの間で「相互防衛援助協定」などを含むMSA協定が締結されて、経済援助を受ける代わりに日本の防衛力漸増が定められると、七月には従来の保安庁*を発展させて防衛庁とし、陸海空軍からなる自衛隊が組織された。そして、自衛隊法によって戦後初めて外敵への防衛義務が規定されると、「前項の目的を達するため」という芦田修正によって自衛権行使のための武力・戦力の保持は「もともと」合憲となっていたという議論は、より政治的意味合いを強めていった。

*一九五〇年六月の朝鮮戦争の勃発に伴い、マッカーサーの要請によって八月に組織された警察予備隊は、定員七万五千人でアメリカ軍事顧問団の指導を受けていた。これに先立つ一九四八年、芦田均内閣は海上治安維持のため、運輸省の外局として巡視船と航空機を備える海上保安庁を設置したが、五二年には第三次吉田内閣において海上警備隊が海上保安庁内に新設され、これが警備隊と改称された。そして、五二年七月に保安庁が発足すると、警察予備隊を改編した保安隊と警備隊とがその組織下に入った。

しかしながら、一九九五年九月になって帝国憲法改正委員小委員会の速記録が、また九六年一月に『芦田均日記』が公開されると、芦田修正に込められたという「真意」は、必ずしも実証的には確認できないことが明らかになった。すなわち、日記には最重要事であるはずの修正には何ら触れられていなかったし、速記録には、「前項ノト云フノハ、実ハ双方トモニ国際平和ト云フコトヲ念願シテイルト云フコト書キタイケレドモ、重複スルヤウナ嫌ヒガアルカラ、前項ノ目的ヲ達スル為メト書イタノダ、詰リ両方共ニ日本国民ノ平和的希求ノ念慮カラ出テ居ルノダ、斯ウ云フ風ニ持ッテ行クニ過ギナカッタ」と説明していたことが明記されていたのである。つまり、第1項に「日本国民は、正義と秩序を基調とする国際平和を誠実に希求し」を加えた修正と同じ趣旨から、第2項にもこれを加えて「日本国民は、正義と秩序を基調とする国際平和を誠実に希求し、陸海空軍その他の戦力は、これを保持しない。国の交戦権は、これを認めない」などと、改めるべきだと考えた。しかしながら、条文としては重複するため、これを省いて「前項の目的を達するため」に代えたというのが小委員会での修正の説明であった。少なくとも小委員会での修正の際は、これによって自衛のための戦力保持を認めるという立法者意思は一切表明されてはいなかったのである。

逆に、芦田の発言に従うならば、第1項と第2項とは元来、並立するものと捉えられており、第2項の戦力不保持・交戦権否認には何らの制約もつかないというのが立法意思でなければならないはずである。事実、小委員会では「憲法デ以テ戦力ヲ保持シナイノダ、斯ウハッキリ言ッテ居レバ、保持スレバ憲法違反ニナルト云フ意思表示ダト私ハ思フ」と断言していた。

また、一九四六年八月二四日の本会議委員長報告でも、芦田は「全面的に軍備を撤廃し、すべての戦争を否認することを規定した憲法は、おそらく世界においてこれを嚆矢《こうし》とする」とし、それは「人類進歩の過程において明らかに一新時期を画するものでありまして、我々がこれを中外に宣言するに当たり、日本国民が他の列強に先駆けて、正義と秩序を基調とする平和の世界を創造する熱意のあることを的確に表明」するものと、その画期性を讃えていたことなども勘案すれば、当時の芦田は第1項の戦争放棄の趣旨を徹底し、それを二重に保障するために第2項の修正を加えたというのが、修正意図であったとみるのが妥当であろう。もし、本会議上などにおけるこれだけの言葉が真意でも本意でもないとしたら、憲法改正の最大の責任を負う委員会の委員長としての責任感とは、どこに存在するのであろうか。

そもそも芦田は二月二二日の閣議で、戦争放棄条項について大日本帝国憲法と相反しているとの安倍能成《よししげ》文相の意見に対し、「戦争廃棄といい、国際紛争は武力によらずして仲裁と調停とにより解決せらるべしと言う思想は既にKellog Pact〔不戦条約〕とCovenant〔国際連盟規約〕とに於て吾政府が受諾した政策であり、決して耳新しいものではない。敵側は日本が此等の条約を破ったことが今回の戦争原因であったと言っている。又旧来の欽定憲法と雖《いえども》、満州事変以来常に蹂躙《じゅうりん》されて来た。欽定憲法なるが故に守られると考えることは誤である」（進藤榮一・下河辺元春編纂『芦田均日記』第一巻）と批判していたのである。芦田もまた戦争放棄条項が、不戦条約（ケロッグ・ブリアン条約）と国際連盟規約の系譜にあることを認識し、それを大日本帝国憲法とはまったく異なる憲法として制定することを積極的に推進しようとしていたことは明白であろう。

ただし、そのことは戦争放棄がそのまま自衛権の放棄を意味すると芦田が考えていたことを意味しない。芦田は衆議院での修正を終えた後、貴族院での議論において法学者の牧野英一や高柳賢三らが憲法9条の下での日本の再軍備の可能性を論じ、それに対して憲法改正問題専任国務相であった金森徳次郎は自衛権はあるが、第2項によって否定されていると答弁していたことなどを勘案しながら修正の意味づけを変え、不戦条約締結の際にとられたと同じ留保を憲法9条にもつける解釈に至ったと思われる。そして、早くも日本国憲法公布日に合わせて出版された『新憲法解釈』（ダイヤモンド社）において、自衛戦争と制裁戦争における武力の行使は「国際紛争の解決手段たる場合」にはあてはまらないとの考えを示してはいたが、修正の意味については触れてはいない。そして、たとえ戦争や武力の行使を認めるとしても、それは日本が単独に軍備することによって自衛戦争や制裁戦争をおこなうのではなく、講和条約を視野に入れながら国際連合に加盟した場合の集団安全保障体制に参与することを想定していたと思われる。*

## 文民条項の追加

このように芦田修正の「秘められた意図」が朝鮮戦争勃発と警察予備隊創設という事態のなかで表明され、それゆえに注目をひいたという事実は、逆にいえば一九五一年までは自衛のための戦力も保持できないという解釈が当然とみなされていたことを意味している。

そのことは憲法の注解書として最も読まれ、多数説を構成していた法学協会編『註解日本国憲法・

上』（一九四八年）が憲法9条を「これほど徹底的に戦争を放棄し、軍備までも廃止して完全な平和主義を採用した憲法は他には見当らない。その意味で本章の規定は、世界的な特色であるということができる」ものと評価していたことからも知ることができる。

しかしながら、極東委員会では芦田修正の意図が表明されたものとは異なり、再軍備に道を開くための何らかの工作ではないかとの懸念が最初から表明されていた。特に中華民国代表からは、芦田修正によって第1項で特定された国際紛争解決としての目的以外に軍隊をもつ可能性があるとの危惧が出され、ソ連やオーストラリア、カナダの代表も日本の再軍備への強い疑いを抱いていた。このため、極東委員会は総司令部を通じて軍人が国務大臣に就くことを禁じるシビリアン（文民）条項を憲法に追加することを日本政府に伝達した。芦田修正を前提として審議していた貴族院では、担当の金森徳次郎大臣が自衛のための戦力も保持できないと説明していたために、軍隊のない日本で文民以外が存在するはずがなく、無用の規定であるとの議論もあったが、最終的に現在の第66条第2項**に入ることになった。

*ケーディスも芦田修正が将来の自衛軍を想定したものではなく、「日本が国連の平和維持活動に協力するため警察力（police force）を派遣できるようにするのが狙いではないか、と考えていた」（田中英夫『日本憲法制定覚え書』）という。

**当時、civilian に相当する日本語がなく、武臣に対応するものとして文民とした。それは軍歴をもたない個人とされていたが、政府見解では旧陸海軍の職業軍人であっても「軍国主義思想に深く染まっていなければ文民」とみなされ、退職した元自衛官も文民とされている。すなわち、現在、文民にあたらないのは現職の自衛官のみである。

このように極東委員会の中華民国やオーストラリアの代表が文民条項に強くこだわったのは、戦前の軍部大臣現役武官制が日本を軍国主義化へ導いた制度的保障になった前例を警戒したものであり、それが日本の政治的伝統として復活することを禁止するためであった。この点は、民政局法規課のラウエル（Milo E. Rowell）が一九四五年一二月段階でまとめていた「日本の憲法についての準備的研究と提案」において、「一九二〇年代の始めに日本の政治が民主主義に向いつつあった時期に、陸海軍大臣は現役の大将中将でなければならないという要件が、短期間廃止されたことがある。軍国主義者達は、権力を掌握する過程において、このような小規模の改革をあっさりと葬って……短期間に政治を完全に掌握し、下院までも支配しえたのであった」（高柳・大友・田中『日本国憲法制定の過程・I』）と戦争に至った過程を分析し、新憲法では、軍部の再台頭を防止する政府組織のあり方を明確に規定しておくべきである、と提言していたこととつながっている。

文民条項は、日本が戦争に突入していった歴史過程への国際的な共通了解に基づき、そして日本が再軍備化するのではないかという強い懐疑心が抱かれるなかで、軍人が再び政治的に重要な役割を果たすことのないようにするための保障として追加された規定であり、憲法9条の位置づけと密接にかかわっていたのである。

## 4　憲法9条の非戦思想

### 9条の発案者問題

このように憲法９条における戦争放棄・軍備撤廃という条項は、直接的にはマッカーサー・ノートによって示されたが、誰が最初に発案したのかについては議論が続いている。ただ、これまで明らかになった史料によるかぎり、一九四六年一月二四日にマッカーサーを訪れた幣原喜重郎首相が、憲法改正問題などを議論した際に軍備撤廃という考えを示唆し、それをマッカーサーとホイットニーが憲法条文に規定することにした、というのが妥当な理解であろう。

ただ、このほかにも戦争放棄の発案者が、日独伊三国同盟締結を推進してA級戦犯容疑で訴追された元イタリア大使の白鳥敏夫であったという証言が弁護士の広田洋二によって出されている。白鳥は、巣鴨プリズンに収監された一九四五年一一月二六日、吉田茂外相に会い、天皇制や戦争放棄の問題など憲法制定についての意見を述べ、それを英文書簡に認めて一二月一〇日付で吉田宛てに差し出した。この書簡は当然、アメリカ軍の検閲を受け、吉田の手許に届いたのは翌四六年一月二〇日前後であったが、この書簡は白鳥の懇請によって幣原喜重郎にも送られたという。幣原がマッカーサーと会い、戦争放棄の思想について意見が一致したのは一月二四日であったから、それ以前、検閲中に白鳥の英文書簡をみていたマッカーサーか、同じく書簡を読んでいた幣原かのいずれかがヒントを得ていたのかもしれない、というのが広田の見解である。そして、それを吉田と幣原に確認したところ、二人とも読んだことは明言したものの、「しかし、戦争放棄の提言その他の内容をどう処理したかという質問には、一言も答えてくれなかった」（「〝戦犯〟白鳥敏夫と憲法第九条」『日本週報』第三七四号、一九五六年）という。

その白鳥書簡には、憲法改正問題の核心として、「日本のわれらは絶対平和の民になろうとするものではないでしょうか。去る八月一五日の御詔勅に拝する『万世大平』の基礎は、新憲法に於てしかと打《う》樹《た》てなければならないと存じます。将来この国民をして、再び外戦に赴かしめずとの天皇の厳たる確約、如何なる事態、如何なる政府の下に於ても、何らかの形式によるとを問わず、国民は兵役に服するのを拒むの権利、および国家資源の如何なる部分をも軍事の目的に充当せざるべきことなどの条項は、新日本根本法典の礎石たらざるべからずと存じます。これは憲法史上、全く新機軸を出すものであろうと考えます」と記していた。白鳥はこの書簡を極東国際軍事裁判法廷に提出することを望んだが、ウエッブ裁判長によって却下されたという。

白鳥書簡は、兵役拒否権や戦力不保持などを内容としたものであるが、直接的に戦争放棄規定を置くことを求めたものではない。ただ、白鳥は一九二八年に内田康哉全権がパリで不戦条約に調印したとき（→193頁）の随員であり、不戦条約の意味について精通していた。その白鳥が戦力不保持などの条項が新憲法の中核に据えられなければならないと考えていたことは、マッカーサー・ノートが示される以前にも、戦争否定を憲法に明記するという発想が、日本人からも出ていたことの傍証とはなるであろう。

## 敗戦後の戦争放棄思想

もちろん、敗戦後に戦争放棄の非戦思想を表明していたのは白鳥に限らない。

すでに敗戦以前の八月一四日に横浜正金銀行総務部長であった木内信胤《のぶたね》(敗戦後、大蔵省終戦連絡部長。吉田茂や池田勇人などのブレーンとして知られる)は、軍備ではなく学と徳による新日本の建設のために「進んで憲法改正にまで行くことは必然であろう。何となれば武力なき新日本に従来の憲法は啻《ただ》に不似合いであるばかりでなく生まれ変わった新日本に不適当である」(「時局収拾の一構想」)との構想を準備していた。また、陸軍中将であった遠藤三郎は八月一八日、東久邇稔彦《ひがしくになるひこ》首相に軍隊不要論を説き、「天皇陛下の御命令により全世界に魁《さきが》けして形の上の武装を解かれますこと」(遠藤三郎『日中十五年戦争と私』一九七四年)を進言していた。さらに戦前から植民地放棄や軍備撤廃を唱えていた石橋湛山《たんざん》(のち首相)は靖国神社廃止を提案するとともに、「我々はここで全く心を新にし、真に無武装の平和日本を実現すると共に、引いてはその功徳を世界に及ぼすの大悲願を立てることを要する」(「靖国神社廃止の議」『東洋経済新報』一〇月一三日)として、日本から世界の非武装に向けた活動を開始すべきことを主張していたのである。

このほか、民間の憲法懇談会が一九四六年二月ごろに起草していた憲法案では、弁護士の海野《うんの》晋吉《しんきち》が第一章総則に「第5条　日本国は軍備を持たざる文化国家とす」という軍備撤廃条項案を出していたが、平和主義は前文で強調するということで削除されたという。また、憲法調査委員会委員で軍に関する規

白鳥敏夫

幣原喜重郎

定の削除を主張していた宮沢俊義はマッカーサー・ノートに先立って一九四六年二月に執筆した論文で、「永久にまったく軍備をもたぬ国家――それのみが真の平和国家である――として立って行くのだという大方針を確立する覚悟が必要」（『改造』一九四六年三月号）であるとして、「日本国は平和主義を以て国是とす」という規定を設けることを提案していた。

ただ、前章で指摘したように、一五年近くにわたって戦争状態が続くなかで、軍備撤廃や非戦・反戦を唱えることは刑法上も社会的にも排斥されてきており、そうした思潮に浸され続けた人々にとって戦争放棄や軍備撤廃といった発想はなかなか出にくかったことは考慮しておく必要がある。また、敗戦とともに言論が自由になったわけではなく、軍備や憲法についての議論を一般の人が自由にできるようになるのは、四五年一〇月一三日に治安維持法や言論出版集会結社等臨時取締法などが廃止されて以降のことであった。その制約を考えれば、国民の側から軍備撤廃についての憲法案などが自由に出されるようになるまでには、もう少し時間が必要であったことは否定できない。

高野岩三郎《いわさぶろう》や鈴木安蔵《やすぞう》らが、憲法制定国民会議を提唱したのは、四六年一月二五日であったが、それはマッカーサー草案が出る一カ月前のことだったのである。

## 幣原喜重郎の非戦思想

幣原喜重郎が戦争放棄についての「発案者」であることは、幣原の周囲の人々が異口同音に証言し[*]、マッカーサー自身も『マッカーサー回想記』において幣原首相が「新憲法を書上げる際にいわゆる『戦争放棄』条項を含め、その条項では同時に日本は軍事機構を一切もたないことをきめたい、と提案した。そうすれば、旧軍部がいつの日かふたたび権力をにぎるような手段を未然に打消すことになり、また日本にはふたたび戦争を起す意志は絶対にないことを世界に納得させるという、二重の目的が達せられる、というのが幣原氏の説明だった。……私は腰が抜けるほどおどろいた。長い年月の経験で、私は人を驚かせたり、異常に興奮させたりする事柄にはほとんど不感症になっていたが、この時ばかりは息もとまらんばかりだった」と臨場感をもって回想していた。また、一九五一年五月のアメリカ上院軍事外交合同委員会での証言、五五年一月のサンフランシスコでの演説などでも同じ趣旨のことが繰り返されている。

ちなみに上院軍事外交合同委員会での証言においては、日本人が自らの決断によって「戦争の廃絶 the

＊幣原喜重郎の友人であった枢密顧問官・大平駒槌（おおだいらこまつち）の娘・羽室三千子が幣原談話を書き残した「羽室メモ」や側近の平野三郎「制憲の真実と思想——幣原首相と憲法第九条」（『世界』第二二〇号、一九六四年四月号）など多数。なお、幣原平和財団編『幣原喜重郎』（一九五五年）も参照。

abolition of war」や「戦争の非合法化 outlawing war」を憲法に書き込んだと述べているが、その用語からもマッカーサーが一九二〇年代の戦争非合法化運動について知識をもっていたことが推測される。

幣原喜重郎は、当初、憲法改正問題に必ずしも積極的ではなかったが、一九四六年一月三〇日の閣議において、大日本帝国憲法から軍に関する規定を削除することを強く主張している。また、それに先立って幣原は四六年一月一日の天皇詔書を英文で起草したが、これはポツダム宣言を重視し、それへの対応をとることを示したものであり、「官民挙げて平和主義に徹し、教養豊かに文化を築き、以て民生の向上を図り、新日本を建設すべし」との平和主義を掲げていた。*ケーディスは、ここに日本の平和国家建設の意思を読み取って憲法9条起草の参考にし、さらに戦争放棄条項の発案者が天皇と幣原ではないかと考えていたという。

幣原が発案したか否かは密室での会談であるため最終的な結論は出せない。そして、憲法審議にあたった議員にとっても国民にとっても、幣原の憲法9条についての考えを知る手段は、公的な発言や論説などによるしかなかったという事実から出発するしかない。

幣原が戦争放棄について自らの考えを述べたのは、連合国軍総司令部案を受諾した二月二二日の閣議において、前日におこなわれた幣原・マッカーサー会談についての報告としてであった。そこで幣原が述べたと芦田均が記述するところによれば、マッカーサーが「第二章（草案）の如く国策遂行の為《た》めにする戦争を抛棄すると声明して日本が Moral Leadership〔道徳的指導権〕を握るべきだ」（『芦田均日記』第一巻）と述べたのに対し、幣原は「leadership〔指導権〕と言われるが、恐らく誰も follower〔追随者〕

となら〈ないだろう」と答えている。マッカーサーはそれに「followersが無くても日本は失う処《ところ》はない。之《これ》を支持しないのは、しない者が悪いのである」と応じたという。この対話が事実であるとすれば、戦争放棄の世界史的意義づけについては、マッカーサーがイニシアティブをとっていたことになる。

しかしながら、三月二〇日、憲法改正案を提案するための枢密院への諮詢《しじゅん》において、幣原は戦争放棄のもつ意義を明確に自らの見解として示している。

第九（の戦争放棄）は何処《どこ》の憲法にも類例はないと思う。日本が戦争を放棄して他国もこれについて来るか否かについては余は今日直ちにそうなるとは思わぬが、戦争放棄は正義に基づく正しい道であって日本は今日この大旗を掲げて国際社会の原野を単独に進んで行くのである。その足跡を踏んで後方より従って来る国が有っても無くても、顧慮するに及ばない。事実においては原子爆弾の発明は世の主戦論者に反省を促したのであるが、今後は更にこれに幾十倍幾百倍する破壊的武器も発明されるかも知れない。今日は残念ながら世界はなお旧態依然たる武力政策を踏襲しているけれども他日新たなる兵器の偉力に依り短時間に交戦国の大小都市ことごとく灰燼《かいじん》に帰し、数百万の住民が一朝鏖殺せらるる惨状を見るに至らば、列国は漸く目醒めて戦争の放棄を真剣に考えることとなるであろう。その時は余は既に墓場の中に在るであろうが、その墓場の陰から後をふり返って

＊英文草稿では、「to construct a new Japan – pacific in every line of national activity.」であったが、*Nippon Times*, 1946. 1.1. の掲載文では、「we will construct a new Japan through thoroughly being pacific」となっている。

列国がこの大道につき従って来る姿を眺めて喜びとしたい。
（入江俊郎『憲法成立の経緯と憲法上の諸問題』）

そして、これに対し枢密院議長・鈴木貫太郎（敗戦時の首相）は、憲法9条は「よく考えてみて、まことに偉大な考え方」であって、「堅強は死の徒なり、柔弱は生の徒なり」という老子の思想に通じ、軍備撤廃こそが日本に活力を与えるものだと敬意を表したという。

この後、幣原は憲法9条のもつ核戦争時代における文明史的意義について確信を深めていき、一九五一年に刊行された自伝『外交五十年』では、戦争に引き入れられた怒りと悲嘆の声を電車のなかで聞いた体験から生まれた考え方が、「憲法の中に、未来永ごうそのような戦争をしないようにし、政治のやり方を変えることにした。つまり戦争を放棄し、軍備を全廃して、どこまでも民主主義に徹しなければならん」という信念になったと回顧している。そして、その自伝の序文を記して八日後の一九五一年三月、幣原は七八年の生涯を閉じた。

すでに前年の一九五〇年、警察予備隊が発足し、五一年一月には、芦田均による憲法9条第2項の修正は自衛の戦力保持を認めたものであったという「虚構」によって再軍備が正当化されていた。

そして、その芦田修正の真実が半世紀近く封印されている間に、憲法9条は再軍備によって空文化されていくとともに、その実態に合うように憲法を改めるべきだという攻勢の矢面に立たされることになったのである。

# 引用・参照・史料文献

## 全般にわたる文献

芦部信喜ほか編著『日本国憲法制定資料全集』信山社出版（『日本立法資料全集』の一環として七一巻・一九九七年から逐次刊行中）。

浅野一郎・杉原泰雄監修『憲法答弁集』信山社出版、二〇〇三年。

家永三郎責任編集『日本平和論大系』全二〇巻、日本図書センター、一九九三－九四年。

石田雄『日本の政治と言葉』下、東京大学出版会、一九八九年。

久野収『憲法の論理』みすず書房、一九六九年。

佐藤達夫著、佐藤功補訂『日本国憲法成立史』全四巻、有斐閣、一九六二－九四年。

鈴木俊郎ほか編『内村鑑三全集』全四〇巻、岩波書店、一九八〇－八四年。

高柳賢三・大友一郎・田中英夫編著『日本国憲法制定の過程』全二巻、有斐閣、一九七二年。

田中英夫『憲法制定過程覚え書』有斐閣、一九七九年。

深瀬忠一『戦争放棄と平和的生存権』岩波書店、一九八七年。

山内敏弘『平和憲法の理論』日本評論社、一九九二年。

第1章
福沢諭吉『文明論之概略』岩波文庫。
大森実『戦後秘史5　マッカーサーの憲法』講談社、一九七五年。
竹前栄治『GHQの人びと』明石書店、二〇〇二年。
芦部信喜著、高橋和之補訂『憲法』岩波書店、二〇〇二年。
樋口陽一ほか著『注解法律学全集―憲法1』青林書院、一九九四年。

第2章
ルソー著、宮治弘之訳「サン＝ピエール師の永久平和論抜粋」・「永久平和論批判」『ルソー全集』第四巻、白水社、一九七八年。

桑原武夫編『ルソー研究』（京都大学人文科学研究所研究報告）岩波書店、一九六八年。

カント著、宇都宮芳明訳『永遠平和のために』岩波文庫。

宇都宮芳明『カントの啓蒙精神』岩波書店、二〇〇六年。

朝永三十郎『カントの平和論』改造社、一九二二年。

第3章
山崎正董編『横井小楠・遺稿編』明治書院、一九三八年。
横井小楠著、花立三郎全訳注『国是三論』講談社学術文庫。